연세 한국어

활용연습 5-1

연세대학교 한국어학당 편

연세대학교 대학출판문화원

연세 한국어
활용연습 5-1

편저자 연세대학교 한국어학당 교재편찬위원회
집필진 곽지영 · 김희정 · 서명숙 · 이지연 · 선은희
펴낸곳 연세대학교 대학출판문화원

주소 서울시 서대문구 연세로 50
전화 2123-3380~2
팩스 2123-8673
e-mail : ysup@yonsei.ac.kr
http://www.yonsei.ac.kr/press
등록 1955년 10월 13일 제9-60호
인쇄 (주)네오프린텍
삽화 디투웍스
녹음 MS미디어
성우 윤미나 · 전광주

2013년 3월 5일 1판 1쇄 2014년 1월 28일 1판 2쇄
ISBN 978-89-6850-013-8(08710)
ISBN 978-89-6850-012-1(세트)

값 **15,000**원(CD포함)

일러두기

- '연세 한국어 활용연습 5'는 고급용 한국어 교재인 '연세 한국어 5'를 보다 효율적으로 학습해 나갈 수 있도록 하기 위해 개발되었다.

- '연세 한국어 활용연습 5'는 총 10과로 이루어져 있으며, 각 과는 3개의 항으로 구성되어 있다.

- 각 과의 1항과 2항은 어휘, 문법 연습으로 구성되어 교재에 나온 본문 새 어휘와 주제 관련 어휘, 그리고 문법을 충분히 연습할 수 있도록 되어 있다. 어휘 및 문법 연습은 기계적인 방식을 지양하고 가능한 한 유의미한 맥락이나 담화 상황 내에서 연습이 이루어질 수 있도록 구성하였다.

- 3항은 주제 관련 통합 과제 형태의 연습 2개로 구성되어 있다. 각각의 연습은 듣기나 읽기 텍스트를 이해하는 활동으로 시작하여 말하기나 쓰기를 통한 표현 활동으로 마무리하도록 구성되어 있다.

- 각 과가 끝날 때마다 고급에 적절한 속담, 관용어, 한자성어를 뜻풀이, 예문, 연습 문제와 함께 제시하였다.

- 다섯 과가 끝날 때마다 어휘와 문법의 총 복습문제를 넣어 배운 내용을 정리할 수 있도록 하였다.

- 학생들의 이해를 돕고자 어휘, 문법 각 연습 문제의 1번에는 답을 써 주어 보기와 같은 역할을 할 수 있도록 하였다.

- 책의 뒷부분에는 3항 듣기 연습의 지문과 각 연습문제의 모범 답안을 실어 학생들이 스스로 답을 확인하고 공부하는 데 도움이 되도록 하였다.

- 마지막에는 듣기와 읽기 지문의 출처를 밝혔다.

- 듣기 지문이 녹음된 CD를 첨부하였다.

차례

5-1

5-2

제1과 언어와 생활

1과 1항

어휘

1. 다음 [보기]에서 빈 칸에 공통으로 들어갈 단어를 골라 쓰십시오.

[보기]	아시다시피	지사	파견	당장	접하다

❶ 지갑을 잃어버려서 (당장) 집에 갈 차비도 없어요.
회사에 급한 일이 생겼나 봐요. (당장) 가 봐야겠어요.

❷ 이번 인사에서 김영수 씨를 미국으로 (   )하기로 결정했습니다.
정부는 남극의 지형과 생물 연구를 위해 남극 세종기지에 연구원들을 (   )했다.

❸ 잘 (   ) 물가 폭등과 고유가 현상으로 인해 많은 사람들이 어려움을 겪고 있어요.
여러분도 (   ) 대한민국은 개인의 자유와 권리가 보장되는 민주주의 국가입니다.

❹ 요즘엔 인터넷을 통하여 가장 먼저 새로운 정보와 소식을 (   )는/은/ㄴ 세상이 되었다.
해외여행을 하면 다른 나라의 새로운 문화를 (   )을/ㄹ 수 있어요.

❺ 그 회사의 CEO는 다양한 지역에 해외 (   )을/를 세울 계획이라고 발표했습니다.
이 과장님은 다음 달부터 제주도 (   )에서 일하게 되었습니다.

2. 다음 [보기]에서 각 제목의 내용에 어울리는 단어를 골라 쓰십시오.

[보기]	말하기 : 토론	토의	면접	발표	연설
	듣 기 : 인터뷰	뉴스	강의	설교	

〈말하기〉

❶ '건전한 청소년 문화 형성 방안' (토의)

❷ '2008년 상반기 대미무역수지 변화' (   )

❸ '대통령의 대국민담화' (   )

❹ '안락사, 찬성인가? 반대인가?' (　　　　)

❺ '2차 국비 장학생 선발' (　　　　)

〈듣기〉

❶ '세상의 빛과 소금이 되게 하소서' (설교)

❷ '올림픽 금메달의 주역을 지금 만나 봅니다' (　　　　)

❸ '아시아 곳곳 지진 잇따라' (　　　　)

❹ '인간 행동의 심리적 이해' (　　　　)

[보기] 읽 기 : 신문기사　칼럼　사설　전공서적　논문　평론　문학작품
쓰 기 : 개요　소개서　감상문　설명문　논설문

〈읽기〉

❶ '소나기' (문학작품)

❷ '정치학 개론' (　　　　)

❸ '늘어나는 암환자, 사회보장 대책 확대해야' (　　　　)

❹ '피아니스트 백건우의 음악세계' (　　　　)

❺ '고려시대 혼인제도 연구' (　　　　)

❻ '불경기에 여행업계 한숨 푹푹' (　　　　)

❼ '맛 따라 길 따라' (　　　　)

〈쓰기〉

❶ '금요일에 떠나는 낭만적인 드라이브 여행' (소개서)

❷ '바둑의 역사' (　　　　)

❸ '태양 에너지 개발의 전반적인 사업 현황' (　　　　)

❹ '북한의 인권문제에 더 많은 관심을' (　　　　)

❺ '추격자, 망치처럼 파괴력 강한 스릴러' (　　　　)

문법

-을 거라고는 생각조차 못했다

3. 다음을 읽고 '-을 거라고는 생각조차 못했다'를 사용해 문장을 바꾸십시오.

❶ 지난 월드컵 우승팀인 프랑스가 이번 월드컵에서는 예선에서 탈락했습니다.

지난 월드컵에서 우승했던 프랑스가 예선에서 탈락할 ~~을/ㄹ~~ 거라고는 생각조차 못했습니다.

❷ 우리 반 1등이던 영수가 이번 시험에서 꼴찌를 했습니다.

.... 을/ㄹ 거라고는 생각조차 못했습니다.

❸ 20년 동안 연락이 끊겼던 친구에게서 갑자기 전화가 왔습니다.

.... 을/ㄹ 거라고는 생각조차 못했습니다.

❹ 나를 보면 눈인사도 안 하고 피하던 그 남자가 좋아한다는 고백을 했습니다.

....

❺ 따뜻한 사월에 하늘에서 솜사탕 같은 눈이 갑자기 내렸습니다.

....

❻ 미국 대학에서 만난 나이지리아 친구가 한국에 와서 일하게 되었습니다.

....

4. '-을 거라고는 생각조차 못했다'를 사용해 다음 대화를 완성하십시오.

❶ 가 : 어렸을 때부터 영화배우가 꿈이었습니까?

나 : 저는 너무 수줍은 성격이라서 영화배우가 될 ~~을/ㄹ~~ 거라고는 생각조차 못 했어요.

❷ 가 : 요즘에 인터넷 상에서 사회적인 문제에 대해 가장 활발하게 댓글을 다는 사람들은 초등학생들이래요.

나 : .... 을/ㄹ 거라고는 생각조차 못했어요.

❸ 가 : 이번 마라톤 대회에 약 10,000여 명의 사람들이 참가했습니다.

나 : .... 을/ㄹ 거라고는 생각조차 못했어요.

❹ 가 : 이번 공연에서 유명 가수와 같이 무대에 오른다면서요?

나 : .... 을/ㄹ 거라고는 생각조차 못했어요.

❺ 가 : 옆 집 중학생 소녀가 부모님 없이 동생들과 할머니를 돌보며 산다는 뉴스를 봤어요.

나 : ....

❻ 가 : 저기 바다 위 붉은 빛 노을 보이세요? 마치 한 폭의 그림처럼 아름답지요?

나 : ....

-을수록 -어지고는 있지만

5. 다음 표를 보고 대화를 완성하십시오.

시간의 경과	변　화	다른 모습
❶ 시간이 지나다	한국말 실력이 좋다	아직 부족한 점이 많다
❷ 공부하다	문법이 복잡하다	이해하는 데는 별 문제가 없다
❸ 시간이 가다	한국 친구가 많다	마음을 터놓을 친구는 별로 없다
❹ 한국에서 살다	한국 문화에 익숙하다	때로는 이해 못할 때도 있다
❺ 외국 생활을 오래하다	고향에 대한 그리움이 크다	고향 음식을 만들어 먹으며 향수를 달래다
❻ 날이 가다	요리 솜씨가 낫다	제 맛이 안 나다

리포터 : 한국에 오신 지 3년이 되셨다고요? 이제 한국말 실력이 많이 좋아지셨겠군요.

유학생 : ❶ 시간이 지날수록~~을수록/ㄹ수록~~ 한국말 실력이 좋아지고는~~어지고는/아지고는/여지고는~~ 있지만 아직 부족한 점이 많습니다.

리포터 : 공부할수록 무엇이 가장 어렵습니까? 문법이 가장 어려울 것 같은데요.

유학생 : ❷ ________ 을수록/ㄹ수록 ________ 어지고는/아지고는/여지고는 있지만 ________. 물론 정확히 말하기는 힘들지만요.

리포터 : 한국 친구들도 많이 사귀셨지요?

유학생 : 네, 그렇습니다. 그런데 ❸ ________ 을수록/ㄹ수록 ________ 어지고는/아지고는/여지고는 있지만 ________.

리포터 : 아, 그런가요? 문화의 차이를 극복하기 힘들어서일까요?

유학생 : 아무래도 그렇겠지요. ❹ ________ 을수록/ㄹ수록 ________ 어지고는/아지고는/여지고는 있지만 ________.
그래서 가끔 오해가 생기기도 하지요. 하지만 한국문화를 깊이 이해하기 위해 노력하고 있습니다.

리포터 : 아, 그렇군요. 한국에 오신 지 꽤 되셨는데 고향이 그립지는 않으세요?

유학생 : 네, ❺ ________ 을수록/ㄹ수록 ________ 어지고는/아지고는/여지고는 있지만 ________.

리포터 : 고향 음식 외에 한국 음식도 잘 만드시나요?

유학생 : 하하, ❻ ________ 을수록/ㄹ수록 ________ 어지고는/아지고는/여지고는 있지만 ________.

6. 관계있는 것을 연결하고 '-을수록 -어지고는 있지만'을 사용해 한 문장으로 만드십시오.

❶ 그 사람을 만나다 •	• 생활이 편리하다 •	• 아직 치매 수준은 아니다
❷ 가을이 깊어가다 •	• 힘들다 •	• 개인정보 유출문제가 심각해지고 있다
❸ 나이가 들다 •	• 선선하다 •	• 아직도 그 말을 못하고 있다
❹ 과학기술이 발달하다 •	• 기억력이 나쁘다 •	• 이에 대한 대비책도 마련되고 있다
❺ 프로젝트가 진행되다 •	• 환경오염이 심하다 •	• 결과물을 보며 성취감을 느끼다
❻ 인터넷이 보급되다 •	• 헤어져야겠다는 생각이 강하다 •	• 햇살은 여전히 따갑다

❶ 그 사람을 만날수록 헤어져야겠다는 생각이 강해지고는 있지만 아직도 그 말을 못하고 있다.

❷ .

❸ .

❹ .

❺ .

❻ .

1과 2항

어휘

1. 다음 [보기]에서 알맞은 단어를 골라 빈 칸에 쓰십시오.

[보기] 능통하다 모집하다 지원하다 번거롭다 겸손하다

한국어, 일본어, 중국어, 영어, 스페인어 등 5개 국어에 (능통한)~~는/은/ㄴ~~ 김영수 씨는 연세 무역회사에서 외국어를 잘하는 인재를 ( )는다는/ㄴ다는/다는 공고를 과 사무실 게시판에서 보고 그 회사에 ( )기로 마음먹었다. 이력서, 자기소개서, 추천서 등 서류를 준비하는 과정이 ( )었지만/았지만/였지만 성실히 준비하여 1차 서류 전형에 합격하였다. 지금은 2차 면접시험을 준비 중인데 자신감 있는 태도와 자기를 낮출 줄 아는 ( )는/은/ㄴ 태도, 두 가지 모습을 동시에 보일 수 있도록 노력하고 있다.

2. 다음 그림을 보고 [보기] 에서 알맞은 호칭을 골라 쓰십시오.

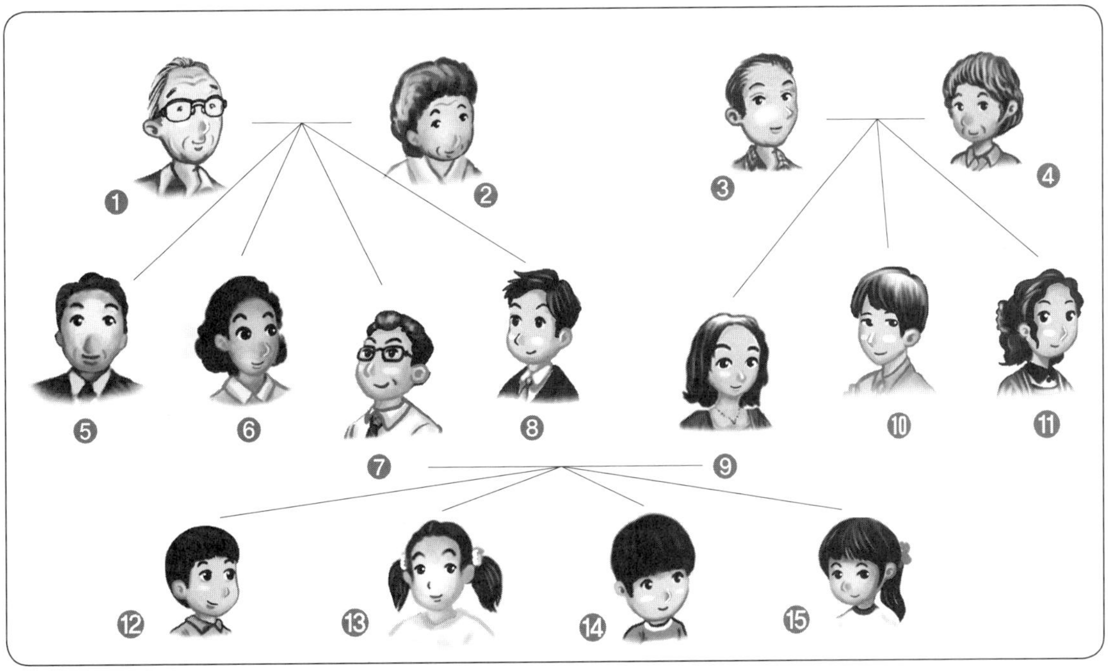

[보기] 아버지/어머니 아빠/엄마 아버님/어머님 형/누나/언니/오빠
큰아버지/삼촌/고모 여보 여보게

1) ❼ → ❷ (어머니), ❼ → ❾ ( ), ❾ → ❶ ( ), ❾ → ❸ ( )

2) ⓯ → ❼ ( ), ⓯ → ❾ ( )

YONSEI KOREAN WORKBOOK 5

3) ⓭ → ❺ (   ), ⓭ → ❻ (   ), ⓭ → ❽ (   )

4) ❸ → ❼ (   )

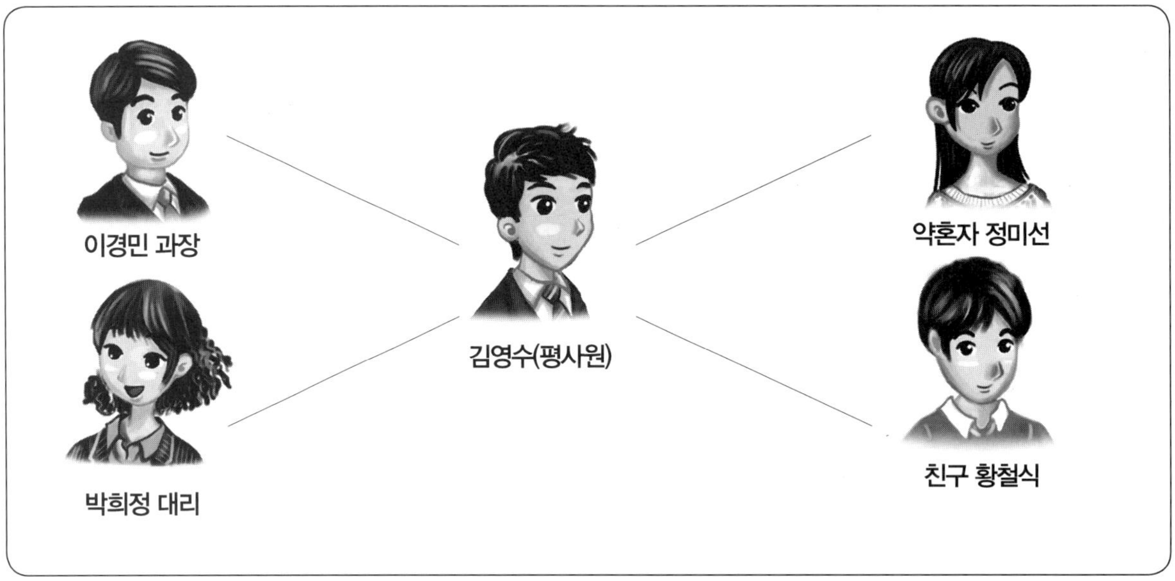

[보기] 과장님 박 대리 김영수 씨 영수 씨 영수야

5) ❶ → ❷ (과장님), ❷ → ❸ (   )

6) ❸ → ❶ (   ), ❹ → ❶ (   ), ❺ → ❶ (   )

문법

−오, −소, −구려 (하오체)

3. 다음 그림을 보고 '하오체'를 사용해 문장을 만드십시오.

❶

❷

❸

❹

❺

❻

❶ 이곳과 관계된 사람 이외에는 출입하지 마시오.

❷ ....

❸ ....

❹ ....

❺ ....

❻ ....

4. 다음은 영화 '스캔들'의 한 장면입니다. 밑줄 친 부분을 '하오체'를 사용해 바꾸십시오.

조 원 : (놀랍다는 듯) 세상에 이런 인연이…… 이건 필시 내 긴 한숨이 부인을 예까지 ❶ **끌어 들인 것이다.**

숙부인 : (애써 온화한 표정으로 다소곳이) 비켜서시지요.

조 원 : (북받치는 듯) 부인! ❷ **내 말 좀 들어봐라!**

숙부인 : (피할 수 없음을 알고 내외하며)

조 원 : (아랑곳없이 계속 들 뜬 얼굴로) 내 평생 자비를 베풀었을 때 느끼는 희열이 이렇 게 큰 줄은 ❸ **몰랐다.** 부인의 족적을 좇아 이르는 곳마다 기쁨과 축복이 기다리고 있으니, 천국을 보여준 그대에게 내 무엇으로 ❹ **보답을 하면 좋겠니?**

숙부인 : (주위를 의식하며) 제발 그런 말씀 마십시오. 도무지 제게서 무엇을 얻었고, 또 무엇을 보답하신다는 것인지 전 도무지 알아들을 수가 없습니다.

조 원 : (강력하게) 아니오. 부인! 난 진정으로 ❺ **다시 태어난 것 같구나.**

숙부인 : (잠시 알아듣지 못해 아연해하다가 이해하고는 차분하게) 선행을 베풀어 희열을 느끼셨다면 그것은 부호군 나리의 덕행에 대한 보답인 게지요.

조 원 : (덥썩 손을 잡고 열정어린 눈으로) 내가 부인을 사랑할 수 있도록 ❻ **허락해 줘라!**

숙부인 : (소스라치지만 주위 시선을 끌까봐 차마 소리 지르지 못한다) 이게 무슨 짓입니까!

(영화 스캔들 S#26)

❶ 끌어들인 것이오.

❷

❸

❹

❺

❻

−네, −나?(−은가?/−ㄴ가?), −게, −세 (하게체)

5. 다음은 조선시대 선비 허균이 절친한 친구 권필에게 쓴 편지입니다. 밑줄 친 부분을 '하게체'를 사용해 바꾸십시오.

권형이 강화도에 계실 적에는 한 해에 두어 차례는 서울에 와 우리 집에 며칠씩 머무르곤 했지. 함께 술을 마시며 시를 읊는 것이 큰 즐거움이었는데 권형이 가족과 함께 서울로 이사 오고 난 뒤로는 열흘도 조용히 만나 어울리지 못하니 ❶ **오히려 강화도에 있던 날보다 못하다.** ❷ **이 무슨 까닭이니?**

연못에는 물결이 출렁이고, 버드나무는 ❸ **푸른빛이 더욱 짙어졌다.** 연꽃은 붉은 꽃잎을 반쯤 터트리고, 푸른 나무가 비취색 해 가리개 위로 ❹ **그림자를 드리우고 있다.** 마침 동동주가 알맞게 익어 우윳빛으로 항아리에 넘실대고 있으니 ❺ **빨리 와라.** ❻ **함께 맛 보자.** 벌써 바람 잘 드는 마루를 닦아 놓고 기다리고 있네.

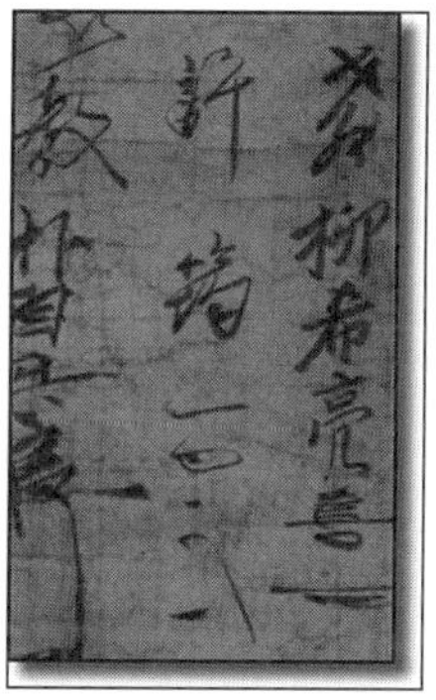

(대장부의 삶 p.35 역사의 아침)

❶ 오히려 강화도에 있던 날보다 못하네.

❷

❹

❺

❻

6. '하게체'를 사용해 대화를 완성하십시오.

사위 : 장인어른, 장모님. 그동안 잘 지내셨어요?

장인, 장모 : 아이고, 우리 사위 왔나? ❶ 그 동안 별 일 없이 잘 지냈나 ?

사위 : 네, 별 일 없이 잘 지냈습니다. 두 분 모두 건강하게 보이시네요.

장인 : 우리야 ❷ ______________________. 그런데 지영이는 왜 같이 안 왔나?

사위 : 오늘 회사에서 중요한 회의가 있어서 조금 늦는다고 했어요. 조금 있다가 올 겁니다.

장모: 그래? 난 또 같이 안 와서 ❸ ______________________.

사위 : 싸우기는요. 저희가 얼마나 사이좋게 잘 지내는데요. 주위에서 닭살부부라고 부러워들 해요.

장인 : 듣던 중 반가운 소리구먼. 걔가 막내라서 좀 철이 없기는 하지만 착한 아이니 ❹ ______________________.

사위 : 잘 알겠습니다. 너무 걱정하지 마세요. 지영 씨가 저한테 얼마나 잘하는데요.

장모 : 자, 그럼 ❺ ______________________. 자네 주려고 내가 씨암탉을 잡았다네.

1과 3항

읽고 말하기

※ 다음 글을 읽고 질문에 답하십시오.

최근 젊은이들 사이에 '하오체'가 대유행이다. 일부 영화나 방송에서 등장했던 '하오체'를 일상생활에서도 그대로 따라하는 것이다.

'하오체' 유행의 발단은 2003년 여름 안방극장을 뜨겁게 달구었던 MBC 드라마 '다모'였다. 드라마는 '다모 폐인'이라 불리는 방대한 마니아층을 형성하며 인기를 누렸다. 이 퓨전 사극에 등장한 말투 때문에 '예사높임'인 '하오체'는 누구나 예사롭게 사용하는 어미가 되었다.

최근 '하오체'가 화려한 날개짓을 하게 된 것은 KBS오락 프로그램 '상상플러스'의 덕이 크다. 이 프로그램은 사회자가 세대 간에 서로 다른 언어 사용을 주제로 문제를 출제하면 연예인들이 답을 맞혀나가는 형식이다. 특히 '10대가 모르는 어른들 말'이 자주 문제로 출제되는데 이는 대부분 표기나 어법에 관한 것이 많아 시청자의 표준어 학습에 적잖은 도움을 준다는 평가를 얻고 있다.

프로그램 참석자들은 바른 우리말 쓰기를 강조한다는 방송 주제에 걸맞게 서로 '하오체' 형식의 공손한 어법으로 대한다. 입담 재주가 남다른 그들은 서로 '탁 대감', '이 대감', '정 대감'으로 부르며 맛깔스러운 '하오체'의 묘미를 더욱 살리고 있다. '다모'와 '상상플러스' 외에 MBC 드라마 '궁' 역시 기발한 발상과 '하오체' 어법으로 인기를 끌고 있다.

'하오체' 사용의 급증이 긍정적인 문화 확산으로 평가받는 이유는 그 어미가 상대방을 공손하게 떠받드는 의미를 지니고 있기 때문이다. 얼마 전 SBS의 프로그램 '야심만만 만 명에게 물었습니다'에 출연해서 후배 연예인들에게 '~했냐', '~잖아' 등 반말을 써서 물의를 빚은 배우 최민수도 '상상플러스'에 출연해서는 그런 비난을 비껴갔다. 진행자들이 하오체를 쓰다 보니 손님으로 출연한 연예인들도 모두 동화돼 서로 존중하는 말을 썼기 때문이다.

'하오체' 의 인기는 인터넷 문화에도 새로운 기운을 불어넣고 있다. 그동안 은어나 비속어 등 상대방을 비하하는 말투들이 인터넷 글쓰기를 심각히 오염시켰다. 그러나 하오체의 부활은 상호 존중하는 인터넷 예절을 세워가는 데 적잖은 기여를 하고 있다.

1. 위 글의 제목으로 적당한 것은 무엇입니까? (   )

❶ 사이버 공간에서 나누는 아름다운 언어
❷ '하오체'로 나누는 정
❸ 요즘 '하오체'가 뜬다 하오
❹ 인터넷, 올바른 언어 사용을

2. '하오체' 사용 급증이 긍정적으로 평가받는 이유는 무엇입니까? '하오체'가 인터넷 문화에 기여하는 바는 무엇입니까?

3. 다음은 가수 김광진의 노래 '편지'입니다. 이 노래를 '하오체'로 불렀을 때와 반말로 불렀을 때의 느낌의 차이를 이야기해 봅시다.

여기까지가 끝인가 보오
이제 나는 돌아서겠소
억지 노력으로 인연을 거슬러
괴롭히지는 않겠소
하고 싶은 말 하려 했던 말
이대로 다 남겨두고서
혹시나 기대도 포기하려 하오
그대 부디 잘 지내시오

기나긴 그대 침묵을 이별로 받아두겠소
행여 이 맘 다칠까 근심은 접어두오
오 사랑한 사람이여 더 이상 못 보아도
사실 그대 있음으로 힘겨운 날들을
견뎌 왔음에 감사하오
좋은 사람 만나오
사는 동안 날 잊고 사시오
진정 행복하길 바라겠소
이 맘만 가져가오

듣고 쓰기

CD: 01

※ 다음은 동영상 강의의 일부입니다. 듣고 질문에 답하십시오.

1. 이 이야기의 중심 내용은 무엇입니까? (   )

❶ 좋은 글을 쓰려면 문법을 잘 외워야 한다.
❷ 좋은 글을 쓰려면 문법을 잘 이해해야 한다.
❸ 좋은 글을 쓰려면 말을 자유자재로 할 수 있어야 한다.
❹ 좋은 글을 쓰려면 좋은 문장을 많이 알고 있어야 한다.

2. 문법은 어떻게 공부해야 합니까? 그 이유는 무엇입니까?

3. 다음 단어를 이용하여 우리가 '문법'을 왜 알아야 하는지 그 이유에 대해 여러분의 생각을 쓰십시오.

생각	말	문법	규칙	문장	글	그릇	매뉴얼	글쓰기

속담 1

1. 개구리 올챙이 적 생각 못 한다

나중에 잘 된 후에 옛날에 잘 하지 못 했을 때나 어렵게 지내던 때의 일을 생각하지 않고 잘난척 할 때 쓰는 말.

- 김 과장, 개구리 올챙이 적 생각 못 한다고 자네도 신입 사원 시절에는 똑같은 실수를 했었잖나. 그러니 너무 나무라지 말게.

2. 개똥(쇠똥)도 약에 쓰려면 없다

아무리 하찮고 흔하던 물건도 정작 필요할 때 찾으면 없다는 말.

- 개똥도 약에 쓰려면 없다고 지갑 속에 늘 가득 차 있던 동전들이 오늘 따라 없네. 커피 좀 마시려고 했더니.

3. 과부 사정 홀아비가 안다

남의 곤란한 처지는 직접 그 일을 당해 보았거나 같은 처지에 놓여 있는 사람이 잘 안다는 뜻.

- 과부 사정은 홀아비가 안다고 소아 백혈병 환자를 둔 부모들의 모임에 나가 이야기를 나누면서 위로를 많이 받아요.

4. 꿩 대신 닭

꼭 적당한 것이 없을 때 그와 비슷한 것으로 대신하는 경우를 비유적으로 이르는 말.

- 멜론 값이 너무 비싸서 몇 번을 들었다 놨다 하다가 꿩 대신 닭이라고 결국 참외 몇 개를 사왔다.

5. 남의 떡이 커 보인다

남이 하는 일이나 남이 가진 물건이 자기 일이나 자기가 가진 물건보다 더 낫다고 생각함.

- 남의 떡이 커 보인다고 친구가 시킨 음식이 늘 더 맛있어 보인다.

6. 떡 본 김에 제사 지낸다

우연한 좋은 기회가 생겼을 때 생각하던 일을 해 버린다는 말.

- 약속 때문에 찻집에 갔는데, 찻집 옆에 카센터가 있길래 떡 본 김에 제사 지낸다고 2주 전부터 고친다 고친다 하면서 바빠서 못 고치고 있던 자동차 창문을 손봤다.

7. 똥 묻은 개가 겨 묻은 개 나무란다

큰 결함이나 잘못이 있는 사람이 오히려 대단치 않은 남의 잘못을 보고 나무란다는 말.

- 똥 묻은 개가 겨 묻은 개 나무란다고 너는 네 방 청소도 안 하면서 책상 좀 지저분한 걸 가지고 동생한테 잔소리를 하니?

8. 말이 씨가 된다

늘 말하던 것이 마침내 사실대로 되었을 때를 이르는 말.

- 말이 씨가 된다고 동생에게 이번 승진자 발표에서 떨어질 테니 다른 회사 알아보는 게 좋을 거라고 농담을 했는데 정말로 떨어져서 동생 보기가 미안했다.

9. 말 한 마디로 천 냥 빚을 갚는다

말만 잘하면 어려운 일이나 불가능해 보이는 일도 해결할 수 있다는 말.

- 말 한 마디로 천 냥 빚을 갚는다는 속담처럼 진심 어린 말 한 마디가 큰 힘을 발휘할 때가 있다.

10. 매도 먼저 맞는 게 낫다

이왕 겪어야 할 일이라면 아무리 어렵고 괴롭더라도 먼저 치르는 편이 낫다는 말.

- 매도 먼저 맞는 게 낫다고 내가 첫 번째로 예방주사를 맞겠다고 나섰다.

속담 연습 1

1. 시어머니 : 얘야, 요즘 감기가 유행이라는데 우리 손자들은 건강하니 정말 다행이구나.
며 느 리 : 네, 어머니. 그런데 이러다가 한창 추울 때 걸리는 건 아니겠죠?
시어머니 : 쯧쯧쯧, ... 는다고/ㄴ다고/다고 그런 말은 하는 게 아니란다.

2. 아　들 : 엄마, 진수는 네 살인데 아직도 오줌을 못 가리네요.
엄　마 : .... 네. 넌 일곱 살까지 이불에 지도 그렸어.

3. 선생님 : 인터뷰조사 발표 순서를 정해야 하는데, 첫 번째로 누가 발표할 거예요?
리　에 : .... 는다고/ㄴ다고/다고 제가 먼저 할게요. 먼저 하고 나야 마음이 편하지요.

4. 아　들 : 엄마, 선생님이 내일 미술 시간에 쓸 빈 깡통 준비해 오라셔.
어머니 : 빈 깡통? 쓰레기통에서 찾아 봐. 많이 있을 거야.
아　들 : 엄마, 아무리 찾아봐도 없는데.
어머니 : .... 는다고/ㄴ다고/다고 그렇게 많던 깡통이 필요할 때는 하나도 없구나.

5. 김감독 : 박 감독님, 선수들이 정말 잘 치더군요. 타자들 폼도 좋고 타격도 좋고. 지난 번에 보니까 다들 훈련에 정말 열심이던데요. 탐나는 선수들이에요.
박감독 : .... 어/아/여 보이는 거예요. 내가 보기엔 김 감독 팀 선수들이야말로 최고던데요.

6. 희　정 : 다음 주에 있는 발표 준비 다 했어? 사진 자료도 많이 찾았잖아.
지　영 : 사진 편집을 아직 못 해서 내일 친구한테서 프로그램을 받기로 했어.
희　정 : 지금 이 프로그램도 사진 편집 프로그램인데.
지　영 : 그래? .... 는다고/ㄴ다고/다고 이 컴퓨터 잠깐 써도 될까? 한 30분이면 될 것 같아.

7. 명　숙 : 경제가 어려운 가운데에서도 개인들의 기부가 늘었대.

은　희 : 글쎄 말이야. 요즘 경제가 너무 안 좋아서 모금액 목표를 낮춰 잡았다는데.

명　숙 : ....는다고/ㄴ다고/다고 넉넉지 않은 사람들이 오히려 어려운 이웃에게 애정과 관심을 더 쏟기 때문일 거야.

은　희 : 그런 얘기를 들으니 마음이 훈훈해지네.
아직은 우리 사회가 건강하고 희망이 있다. 그렇지?

8. 제이슨 : 에리 씨는 왜 자주 지각해요? 선생님께서 교실에 늦게 들어오면 다른 학생들에게 방해가 되니까 일찍 오라고 하셨잖아요.

에　리 : ....는다고/ㄴ다고/다고, 그러는 제이슨 씨는 왜 수업시간마다 몇 번 씩 전화기 들고 들락날락 해요?

9. 아　내 : 내일 아버님께서 올라오신다고 하니 1박 2일 설악산 등반 여행은 다음으로 미뤄야겠네.

남　편 : 그래야겠지? 당신 섭섭하겠다. 우리..이라고/라고 동네 앞 산이라도 오를까?

10. (경미한 추돌 사고 후에 두 운전자가 차에서 내렸다)

뒤차운전자 : 차도 사람도 문제 없어 보이는데요. 그냥 가시죠.

앞차운전자 : 아닌데요, 저도 병원에 가서 검사를 해 봐야겠고, 여기 범퍼가 조금 긁혀서 도색을 다시 해야겠는데요.

뒤차운전자 : 뭐라고요? 꼭 그렇게까지 해야 합니까?

앞차운전자 : ....는다는/ㄴ다는/다는 말도 있는데, 먼저 미안하다는 사과부터 했어야죠. 견적 나오면 연락 드릴 테니, 연락처 주세요.

제 2 과 직업과 직장

2과 1항

어휘

1. 다음 [보기]에서 알맞은 단어를 골라 빈 칸에 쓰십시오.

[보기] 통계청 적성 경쟁 뚫다 가치관 고려하다 소신 보람

❶ 이 직종은 인기가 많아서 (경쟁)이/~~가~~ 치열하다.

❷ 인구 조사를 실시하는 일은 ( )에서 하고 있다.

❸ 그 영화배우는 치열한 경쟁을 ( )고 주연을 맡았다.

❹ 저는 내성적인 성격이라서 사람을 많이 만나는 영업직은 ( )에 안 맞아요.

❺ 열심히 일한 ( )도 없이 실패하고 말았다.

❻ 올바른 ( ) 형성을 위해서는 올바른 교육이 필요하다.

❼ 남의 눈치를 보지 말고 ( )껏 밀고 나가세요.

❽ 직업을 선택하는 것은 중요한 일이니 여러 가지 조건을 잘 ( )어서/아서/여서 결정하세요.

2. 다음 [보기]에서 관계있는 단어를 골라 쓰십시오.

[보기] 적성 : 언어 능력 수리 능력 공간 지각 능력 운동 조절 능력
가치관 유형 : 이론형 경제형 심미형 사회사업형 권력형 종교형

〈적성〉

❶ 말재주가 있고 글을 잘 쓴다. (언어 능력)

❷ 운전을 잘 하고 3차원 영상 게임을 잘 한다. ( )

❸ 계산을 잘 하고 수학 문제를 잘 푼다. ( )

❹ 공을 잘 던지고 받으며 몸의 균형을 잘 잡는다. ( )

〈가치관 유형〉

❶ 국회의원 (권력형)

❷ 고아원 원장 ( )

❸ 목사 ( )

❹ 화가 ( )

❺ 교수 ( )

❻ 펀드 매니저 ( )

[보기] 성격 유형 :	사고형	행동형	고독형	사교형	냉정형
	흥분형	순종형	지배형	안정형	독립형

〈성격 유형〉

❶ 사람들과 함께 있기보다는 혼자 있는 것을 좋아한다. (고독형)

❷ 내 주장을 내세우기보다는 다른 사람의 의견을 쫓아가는 성격이다. ( )

❸ 사람들과 잘 사귀고 사람들과 함께 있는 것을 좋아한다. ( )

❹ 깊이 생각하고 탐구하는 것을 좋아한다. ( )

❺ 작은 일에 쉽게 화가 나며 감정 변화가 심한 편이다. ( )

❻ 어느 조직에서나 지도자가 되려고 하며 다른 사람에게 큰 영향력을 행사하려고 한다. ( )

❼ 큰 일이 생겨도 감정의 변화가 별로 없으며 항상 합리적이고 차분하다. ( )

❽ 어떤 일을 생각하거나 계획하면 곧바로 실행에 옮기는 성격이다. ( )

❾ 거의 모든 일을 스스로 해결하려고 한다. ( )

❿ 새로운 일에 도전하는 것보다는 익숙한 일을 계속하는 것이 좋다. ( )

문법

-음에도 불구하고

3. 관계 있는 것을 연결하고 '-음에도 불구하고'를 사용해 한 문장으로 만드십시오.

❶ 의학이 눈부시게 발전했다 •	• 교통사고는 줄어들지 않고 있다.
❷ 교통사고를 방지하기 위해 과속 방지 감시 카메라를 곳곳에 설치했다. •	• 국내 석유값은 떨어지지 않고 있다.
❸ 대규모 군중이 시위에 참여했다 •	• 여전히 불치병으로 죽어가는 사람들이 있다.
❹ 그 노래가 인기가 많았다 •	• 그 화가는 생전에는 사람들로부터 인정을 받지 못했다.
❺ 국제 유가가 하락하고 있다 •	• 불법 복제로 인해 음반 제작사는 이익을 내지 못했다.
❻ 아름답고 훌륭한 작품을 많이 만들었다 •	• 시위는 큰 혼란 없이 끝났다.

❶ 의학이 눈부시게 발전했음에도 불구하고 여전히 불치병으로 죽어가는 사람들이 있다.

❷ ....

❸ ....

❹ ....

❺ ....

❻ ....

4. '-음에도 불구하고'를 사용해 다음 대화를 완성하십시오.

❶ 가 : 그 부부는 사이가 아주 나쁘다면서요? 그런데 왜 이혼을 하지 않지요?

나 : 그 부부는 부부 사이에 심각한 문제가 있음에도 불구하고 아이들 때문에 이혼하지 않고 있어요.

❷ 가 : 그 선수가 부상을 당했다면서요? 그래서 경기를 포기했나요?

나 : 아니에요. ....

❸ 가 : 이번에 강력한 태풍으로 인해 피해가 컸지요?

나 : 아니에요. ....

❹ 가 : 김 과장님은 실력이 뛰어나니까 이번에 승진했겠지요?

나 : 아니에요. ____.

❺ 가 : 요즘은 경기가 나쁘니까 고가의 제품은 잘 안 팔리겠지요?

나 : 아니에요. ____.

❻ 가 : 그 소설가는 암에 걸렸다면서요? 이제 소설 쓰는 게 어렵겠어요.

나 : 아니에요. ____.

–도 –거니와

5. 다음은 방송국 대담 프로그램의 내용입니다. 대화를 읽고 '–도 –거니와'를 사용해 문장을 바꾸십시오.

사회자 : 오늘은 김 교수님과 함께 〈현대 사회의 제 문제〉라는 책을 중심으로 여러 가지 사회 문제들에 대해 이야기를 나누어 보도록 하겠습니다. 김 교수님, 먼저 이 책의 장점을 무엇이라고 보십니까? 풍부한 내용이 장점 아니겠습니까?

김교수 : 네, 그렇습니다. ❶ **이 책은 내용도 풍부하고 재미도 있습니다.** 게다가 ❷ **현대 사회의 문제를 짚어내는 저자의 통찰력도 대단합니다. 그리고 제시된 대안도 탁월하다고 할 수 있지요.**

사회자 : 이 책에서는 과학 기술이 가져오는 윤리 문제를 중요하게 다루고 있지요?

김교수 : 그렇습니다. ❸ **윤리 문제를 다룰 뿐만 아니라 노동과 복지, 환경 문제까지지도 논의하고 있지요.**

사회자 : 그럼, 먼저 고령화 사회가 가져올 문제에 대해서 이야기를 나누어 볼까요? 먼저 고령화 사회로 진입하면 복지 비용이 많이 들겠지요?

김교수 : 네, 그렇습니다. ❹ **복지 비용도 많이 들고 노동할 수 있는 인구가 줄어들어 사회 전체의 생산력이 떨어집니다.** 이로 인해 경제 성장이 어려워지지요.

사회자 : 네, 참 생각할수록 심각한 문제로군요. 사회의 고령화는 저출산 때문이지요?

김교수 : 네, 그렇습니다. ❺ **저출산도 그 한 요인이지만 의학과 과학 기술의 발전으로 인간 수명이 연장된 것도 한 요인이지요.**

사회자 : 그렇다면, 우리 사회에 저출산이라는 사회 현상이 나타나는 이유는 무엇일까요? 아무래도 양육비와 교육비 문제 때문이 아닐까요?

김교수 : 그렇습니다. ❻ **양육비와 교육비 문제도 그 원인이지만 여성들의 사회 진출, 가치관의 변화 등도 그 원인이 될 수 있겠지요.**

❶ 이 책은 내용도 풍부하거니와 재미도 있습니다.

❷ ______________________________.

❸ ______________________________.

❹ ______________________________.

❺ ______________________________.

❻ ______________________________.

6. '-도 -거니와'를 사용해 다음 대화를 완성하십시오.

❶ 가 : 저는 사회사업을 하고 싶어요. 사회사업가가 되려면 사회를 위해 헌신하고자 하는 마음이 있어야겠지요?

나 : 사회사업가가 되려면 헌신적인 마음 도 있어야 하 거니와 인간에 대한 따뜻한 마음도 있어야 해요.

❷ 가 : 저는 정치 지도자는 리더십이 있어야 한다고 생각해요.

나 : 정치 지도자는 ________ 도 ________ 거니와 ______________.

❸ 가 : 아이들에게 줄 음식을 만들었는데 영양에 신경을 쓰다 보니 맛이 없었어요.

나 : 아이들에게 줄 음식은 ________ 도 ________ 거니와 ______________.

❹ 가 : 이번에 출시된 친환경 자동차의 장점은 아무래도 대기 오염을 줄일 수 있다는 점이겠지요?

나 : 네, 친환경 자동차는 ________ 도 ________ 거니와 ______________.

❺ 가 : 이번에 새로 나온 약은 효과가 빠르다면서요?

나 : 네, ______________________________.

❻ 가 : 지난번 출장은 날씨도 나쁘고 일정도 빡빡해 고생하셨다고 들었는데, 이번 출장은 어떠셨어요?

나 : ______________________________.

2과 2항

어휘

1. 다음 [보기]에서 알맞은 단어를 골라 빈 칸에 쓰십시오.

[보기]	동향 분석	대형 할인점	전문매장	응하다	사은품
	증정하다	빈틈없다	일처리	단합대회	날을 잡다

우리 슈퍼마켓 바로 옆에 저렴한 가격으로 다양한 물건을 많이 판매하는 (대형 할인점) 이/~~가~~ 문을 열었다. 그래서 우리는 가게 문을 닫고 다양한 종류의 와인을 전문적으로 취급하는 와인 (　　　　　)을/를 열기로 했다. 먼저 이 지역 주민들의 와인 취향과 와인 소비 성향을 조사하기 위해 소비자 (　　　　　)을/를 하기로 했다. 설문 조사를 실시하고, 설문 조사에 (　　　　　)는/은/ㄴ 고객에게는 정성의 표시로 작은 (　　　　　)을/를 줄 예정이다. 그리고 영업 첫날 첫 번째 손님에게는 상품권을 (　　　　　)기로 했다. 실수를 하지 않기 위해 (　　　　　)이 준비하느라 우리는 모두 매우 힘들었다. 그래서 쌓인 피로도 풀 겸 서로 간의 친목도 도모할 겸 (　　　　　)을/를 하기로 했다. 매장 문을 열기 일주일 전으로 (　　　　　)었다/았다/였다. 이 일은 (　　　　　)을/를 잘하는 김영수 씨가 맡았다.

2. 다음 [보기]에서 각 업무와 관련된 부서를 골라 쓰십시오.

[보기]	총무부	기획부	인사부	영업부	자재부	경리회계부	홍보부

❶ 제품을 판매한다. (영업부)

❷ 생산 자재와 관련된 업무를 한다. (　　　　)

❸ 경영 전략을 짜고 기획을 한다. (　　　　)

❹ 비품을 관리하고 행사를 준비한다. (　　　　)

❺ 각종 비용을 처리한다. (　　　　)

❻ 인력을 양성하고 평가한다. (　　　　)

❼ 상품 광고와 관련된 일을 한다. (　　　　)

문법

-에다가 -까지

3. '-에다가 -까지'를 사용해 다음 단어들을 연결하여 문장을 만드십시오.

❶ 더운 날씨/냉장고/에어컨/고장 나다/고생하다

→ 더운 날씨에 냉장고에다가 에어컨까지 고장이 나서 고생했어요.

❷ 이번 경기/선수들의 부상/심판의 편파판정/심하다/경기에 지다

→ ....

❸ 그 환자/고혈압/ 당뇨병/있다/조심하다

→ ....

❹ 지난 주말/신호위반/속도위반/하다/벌금이 많이 나오다

→ ....

❺ 그 사람/뛰어난 실력/겸손한 태도/갖추고 있다/위아래로 인정받다

→ ....

❻ 그 논술문/논리적 구성/문장력/갖추다/최고 점수를 받다

→ ....

4. 다음을 읽고 '-에다가 -까지'를 사용해 문장을 바꾸십시오.

> 김연세 감독이 출품한 영화가 부산 국제 영화제에서 대상을 받았다. ❶ **김 감독의 영화는 독창성뿐만 아니라 예술성을 갖춘 뛰어난 작품으로 평가를 받았다.** ❷ **이 영화는 독특한 이야기 전개와 화려한 영상으로 깊은 인상을 남겼다.** 또한 김 감독은 상당한 상금을 받게 되었고 수상작은 세계 각국의 영화 시장에 진출하게 되었다. 이에 따라 ❸ **김 감독은 국제적인 명성은 물론 적지 않은 부를 얻게 되었다.**

❶ 김 감독의 영화는 독창성에다가 예술성까지 갖춘 뛰어난 작품으로 평가를 받았다.

❷ ....

❸ ....

❹ 유가 상승과 달러 약세가 겹쳐서 경제 상황이 나빠지고 있다. 여기에 ❺ 작년부터 시작된 부동산 시장 침체와 신용 위기는 경제에 대한 불안감을 가중시키고 있다. 게다가 ❻ 지난달에 몰아닥친 폭설과 강풍은 농가에 큰 피해를 줘 물가 상승의 요인이 되고 있다.

❹ ....

❺ ....

❻ ....

−을 때 −어야 −지

5. '−을 때 −어야 −지'를 사용해 대화를 완성하십시오.

	해야 할 일	결 과
❶ 철 지난 옷 보관	세탁하고 잘 말린 뒤 넣어 두다	옷을 오래 입다
❷ 외국어 공부	그 나라 문화를 많이 접하다	자연스러운 표현을 배우다
❸ 정부 정책 수립	각계각층의 의견을 듣다	문제가 덜 생기다
❹ 중요한 결정	여러 번 생각하다	뒤탈이 없다
❺ 인터넷 사용	보안에 신경 쓰다	개인 정보가 유출되지 않다
❻ 직장 선택	적성을 고려하다	후회를 안 하다

❶ 가 : 몇 번 입지도 않았는데 드라이클리닝 맡기시려고요?
나 : 철 지난 옷을 보관할 때 세탁하고 잘 말린 뒤 넣어 둬야 옷을 오래 입지.

❷ 가 : 일본 드라마와 영화도 많이 보시고 일본 음악도 많이 들으시는군요.
나 : .... 을/ㄹ 때 .... 어야/아야/여야
.... 지.

❸ 가 : 정부가 이번 정책을 세우기 전에 공청회를 한다고 해요.
나 : .... 을/ㄹ 때 .... 어야/아야/여야
.... 지요.

❹ 가 : 아직도 결정 못하셨어요? 정말 신중하시네요.
나 : ....

❺ 가 : 개인 정보가 유출됐나 봐요. 요즘 이상한 스팸메일이 많이 와요.
나 : ....

❻ 가 : 월급이 많아서 이 회사를 선택했는데, 일이 재미가 없어요.
나 : ....

6. 관계있는 것을 연결하고 '-을 때 -어야 -지'를 사용해 대화를 완성하십시오.

❶ 사업을 하다 •	• 준비를 철저히 하다 •	• 효율적이다
❷ 아픈 증상이 나타났다 •	• 약속을 잘 지키다 •	• 싸게 사다
❸ 농담을 하다 •	• 여러 사이트를 비교해 보다 •	• 신용을 얻다
❹ 여행을 가다 •	• 때와 장소를 가려서 하다 •	• 큰 병이 안 되다
❺ 인터넷 쇼핑을 하다 •	• 바로 병원에 가다 •	• 고생을 안 하다
❻ 공부하다 •	• 집중해서 하다 •	• 분위기가 어색해지지 않다

❶ 가 : 거래처하고의 약속을 두어 번 어겼더니 주문이 안 들어와요.

나 : 사업을 할 때 약속을 잘 지켜야 신용을 얻지.

❷ 가 : 처음 감기에 걸렸을 때 대수롭지 않게 생각하고 병원에 안 갔다가 감기가 심해져서 오랫동안 고생했어요.

나 : ....

❸ 가 : 분위기를 띄우려고 농담을 했는데 분위기가 더 썰렁해졌어요.

나 : ....

❹ 가 : 이사 가니? 여행을 가는데 무슨 짐이 한보따리야.

나 : ....

❺ 가 : 인터넷 쇼핑몰에서 책을 샀는데, 비싸게 산 것 같아요.

나 : ....

❻ 가 : 저는 하루에 8시간씩 공부하는데도 성적이 오르지 않아요.

나 : 오랫동안 공부하는 게 중요한 것이 아니에요. ....

....

2과 3항

읽고 쓰기

※ 다음 글을 읽고 질문에 답하십시오.

사람을 뽑을 때 나는 정신적인 성취감을 물질적인 성취감보다 조금이라도 더 중요하게 여기는 사람을 선호한다. 이러한 차이는 매우 섬세한 문제이며, 대부분의 사람은 종이 한 장의 차이라 할지라도 물질적인 성취감이 위인 경우가 더 많다. 그러나 나는 개인적으로 비록 종이 한 장 차이라 할지라도 정신적인 성취감을 더 중시하는 사람을 선호한다. 그것이 전제되면 물질적인 성취감과의 조화도 자연스럽게 이룰 수 있다고 보기 때문이다.

물론 회사마다 인재상은 다르고, 절대적으로 올바른 기준은 없다. 우리 회사의 경우는 인재를 '끊임없이 노력하는 사람'이라고 정의한다. 아울러 그런 가운데 동료의 발전과 회사의 발전을 두루 생각하는 사람이 우리 회사가 요구하는 진짜 인재이다.

또 건강한 생각도 인재의 조건이다. 우리같이 바이러스 백신이나 보안을 다루는 회사 직원은 일종의 사명감이 있어야 하기 때문에 일을 대하는 직원들의 가치관이 대단히 중요하다. 환자가 많으면 좋겠다고 생각하는 의사는 도덕적으로 문제가 있듯이 바이러스가 많았으면 좋겠다고 생각해서는 절대 안 되는 것이다.

업무능력은 다음 문제다. 그래서 당장 자리가 비어 있다고 능력 있는 사람을 앉히는 것은 매우 경계하는데, 그가 동일한 철학을 가지고 있지 않으면 장기적으로는 회사에 큰 손실을 입힐 수 있다고 생각하기 때문이다. 사실 능력만으로 회사의 가치관과 생각이 크게 다른 사람을 뽑는다면 그것은 그 사람에게도 불행한 일이다. 그는 오랜 적응 기간을 거치는 가운데 내적 갈등과 시행착오를 겪을 것이기 때문이다.

그래서 우리 회사는 면접에서 가치관 외에도 말을 얼마나 조리 있게 잘 하느냐보다는 그 사람의 말하는 태도나 인상을 더 중요하게 본다. 즉 .... (ㄱ) ....

그런데 말은 쉽지만 이것은 굉장히 힘든 작업이다. 면접관도 인간인 이상 면접을 통해 가치관과 인성을 검증하더라도 늘 판단착오의 가능성을 안고 있기 때문이다.

1. 이 회사가 사람을 뽑을 때 가장 중요하게 생각하는 것은 무엇입니까? (　　　)

❶ 업무 능력　　❷ 가치관　　❸ 성취감　　❹ 적응력

2. (ㄱ) 에 들어갈 말로 적당한 것을 모두 고르십시오. (　　,　　)

❶ 어느 정도 진정성이 있는가를 보는 것이다.

❷ 말만 번지르르하게 하는 것과 아닌 것을 구별하려고 한다.

❸ 토론에서 자신의 생각을 얼마나 잘 표현할 수 있는가를 본다.

❹ 말솜씨가 탁월하게 좋지 않으면 면접에서 좋은 점수를 얻을 수 없다.

3. 여러분은 물질적인 성취감과 정신적인 성취감 중 어느 것을 더 중요하게 여깁니까? 왜 그렇게 생각하는지 쓰십시오.

듣고 말하기

CD: 02

※ 다음은 라디오 칼럼입니다. 듣고 질문에 답하십시오.

1. 이 칼럼의 중심 내용은 무엇입니까? (　　　)

❶ 일을 즐겁게 해야 보람이 있다.
❷ 일과 삶이 조화를 이루어야 한다.
❸ 성공을 위해 열심히 일해야 한다.
❹ 의무감을 가지고 최선을 다해 일하자.

2. 이 사람은 삶을 무엇에 비유했습니까? 여러분이 생각하는 삶의 정의는 무엇입니까?

3. '일과 삶의 균형'이 글로벌 인재들에게 요구되는 이유는 무엇일까요? 이야기해 봅시다.

속담 2

11. 사공이 많으면 배가 산으로 간다

중심이 되어 이끌어 주는 사람이 없이 여러 사람들이 각자 이러니 저러니 하면 일이 제대로 되지 않는다는 말.

- 사공이 많으면 배가 산으로 간다는 말처럼 '토요일 밤에'의 집단 MC 체제는 진행이 산만하고 방송 집중력이 떨어지는 역효과를 낳았다.

12. 수박 겉 핥기

사물의 자세한 속 내용은 모르고 겉만 대충 건드림을 이르는 말.

- 이 박물관의 유물들을 수박 겉 핥기로 둘러보자면 두어 시간이면 되겠지만 제대로 다 보자면 11시간 이상 걸린다.

13. 십 년이면 강산도 변한다

변화가 없어 보이는 것도 많은 세월이 흐르면 어쩔 수 없이 변한다는 말.

- 올해로 데뷔 10년째를 맞은 윤두현! 십 년이면 강산도 변한다는데 윤두현의 음악을 사랑하는 팬들의 마음은 변함이 없는 것 같습니다.

14. 열 길 물속은 알아도 한 길 사람 속은 모른다

물 깊이는 잴 수 있으나 사람의 마음은 측량하기 어렵다는 말.

- 관상. 사실 과학적 근거는 없지만 호기심을 자극하기에는 충분한 소재다. 열 길 물속은 알아도 한 길 사람 속은 모른다는데, 얼굴만 읽어 사람 속을 알 수 있다니 그 비결이 궁금하다.

15. 오르지 못할 나무는 쳐다보지도 마라

자기의 능력 밖의 불가능한 일에 대해서는 처음부터 욕심을 내지 않는 것이 좋다는 말.

- 나희의 어머니는 상현을 찾아가 오르지 못할 나무는 쳐다보지도 말라며 한 번만 더 회사 밖에서 사적으로 나희를 만났다가는 그땐 큰일 날 줄 알라는 반 협박까지 퍼부었다.

16. 우물을 파도 한 우물을 파라

여러 가지 일을 너무 벌여 놓거나 하던 일을 자주 바꾸면 아무 성과도 없으니 한 가지 일을 꾸준히 계속해야 성공할 수 있다는 말.

- 건설업으로 한 우물만 파 온 '연세건설'은 창립 후 지난 50년간 한 번도 적자를 내지 않았다.

17. 웃는 낯에 침 뱉으랴

좋게 대하는 사람에게는 나쁘게 대할 수 없다는 말.

- 웃는 낯에 침 못 뱉는다고 오바마의 거듭된 러브콜에 이란도 호의적 반응을 보이면서 두 나라 간 30년 불화의 빙벽이 조금씩 녹아내릴 조짐을 보이고 있다.

18. 쥐구멍에도 볕들 날 있다

몹시 고생만 하는 사람도 좋은 때를 만나 좋아질 날이 있다는 말.

- 쥐구멍에도 볕들 날 있다고 십여 년간 무명의 설움을 겪어온 가수 서운도의 새 앨범이 대박을 터뜨렸다.

19. 짚신도 짝이 있다

어떤 사람이건 모두 결혼할 상대가 있다는 말.

- 짚신도 짝이 있다더니 저렇게 성격 나쁜 사람도 결혼을 하네.

20. 친구 따라 강남 간다

1) 중요한 일이 있는 것은 아니나 친구를 따라서 하는 경우에 씀.

2) 자기가 하기 싫더라도 남이 권하므로 할 수 없이 따라하게 된다는 말.

- 미국프로골프(PGA) 챔피언십 대회에서 우승을 한 양용은은 우연히 친구와 함께 골프 연습장에 갔다가 골프를 알게 되었다고 한다. 친구 따라 강남에 간 것이 성공에 이르는 첫 출발이었던 셈이다.

속담 연습 2

11. 교 수 : 자네는 왜 영문과를 선택했나?

학 생 : 제일 친한 친구가 영문과를 지원해서 저도 영문과를 지원했습니다.

교 수 : .... 더니 바로 자네 같은 경우를 보고 하는 말이군.

12. 김부장 : 이 과장, 박 대리는 아침 회의 때마다 늦던데, 한 마디 하지 그래?

이과장 : 저도 한 번 따끔하게 야단 좀 치려고 몇 번 기회를 봤는데요.

.... 을/ㄹ 수가 없더라고요. 박 대리가 워낙 싹싹하고 밝잖아요.

13. 교 수 : 자네 에리히 프롬을 아나?

학 생 : 잘 모르겠는데요.

교 수 : 그럼 앨빈 토플러는 누구인지 아나?

학 생 : …

교 수 : 자네 전공이 사회학이라면서 그런 것도 모른단 말이야?

.... 으로/로 공부한 모양이군.

14. 지 영 : 25년 만에 서울에 와 보니 너무 변해서 어디가 어딘지 하나도 모르겠어요.

명 숙 : .... 는데/은데/ㄴ데 당연한 일이지요.

15. 영 준 : 철민이는 요즘 뭐 한대?

윤 수 : 건설 사업하다가 잘 안 돼서 무역업으로 바꿨잖아?

영 준 : 그래? .... 으라고/라고 잘 안 되더라도 참고 끝까지 해 봐야 될 텐데.

16. 영 준 : 이번에 회사 기밀을 경쟁사에 팔아넘긴 사람이 김 부장이라면서?

수 연 : 신망도 두텁고 인격적으로 훌륭한 분인 줄 알았는데.

영 준 : 그러니까 .... 는다고/ㄴ다고/다고 하잖아.

17. 부 인 : 여보, 우리는 언제쯤 저런 멋진 집에서 살아 볼까?

남 편 : .... 는다고/ㄴ다고/다고 언젠가 그렇게 될 날이 있겠지.

18. 윤 수 : 할머니, 이제 저는 결혼 포기할까 봐요. 선을 그렇게 많이 보는데도 저 좋다는 사람이 없네요.

할머니 : 너무 조급 하게 생각하지 말아라. 아직 확실한 직장을 못 잡아서 그럴 거야. ______________________는다는데/ㄴ다는데/다는데 기다리면 좋은 짝이 나타날 거야.

19. 영 수 : 나는 꼭 한국대에 갈 거야.

미 선 : 네 실력으로 어떻게 거길 가니? ______________________________으라고/라고 했어. 꿈도 꾸지 마.

20. 아버지 : 이번 피서 여행은 어디로 갈까?

어머니 : 제주도에 갔으면 좋겠어요.

딸 : 아빠, 남해안으로 가요.

아 들 : 안 돼. 아빠, 설악산으로 가요.

아버지 : ____더니 안 되겠다. 아빠가 정하는 대로 따라 와.

제 3 과 일상생활과 여가 문화

3과 1항

어휘

1. 다음 [보기]에서 알맞은 단어를 골라 빈 칸에 쓰십시오.

[보기]	때우다	거르다	일쑤이다	챙기다	업체
	절약되다	통근	단축되다	시달리다	

저희 회사는 죽 전문 배달 (업체)입니다. 급히 집을 나오느라 아침식사를 자주 (　　　　) 시는 분, 아침을 빵과 우유로 대충 (　　　　)시는 분, 아침에 밥을 먹으면 체하기 (　　　　) 는/은/ㄴ 분, 불규칙한 식사로 각종 위장병에 (　　　　)는/은/ㄴ 분들이 이용하시면 아주 좋습니다. 바쁜 아침에 시간도 (　　　　)고 영양도 얻을 수 있으니 일석이조일 것입니다. 아침을 간단히 (　　　　)어/아/여 먹어 건강도 지키고 시간도 버는 것은 성공으로의 기간이 (　　　　)는/은/ㄴ 지름길일 것입니다. 고객 여러분의 최대한의 편의를 위해 직장으로 가시는 (　　　　) 버스에도 배달해 드립니다. 많은 이용 부탁드립니다.

2. 다음 [보기]에서 알맞은 단어를 골라 쓰십시오.

[보기]	사 먹다	길러 먹다	시켜 먹다(배달해 먹다)	데워 먹다	해 먹다
	가공식	자연식	건강식		

❶ 전 작년에 은퇴한 50대 남성입니다. 건강에 관심이 많아 보약도 자주 먹고 제철 과일이나 채소도 챙겨 먹는 편입니다. 시중에 나오는 농산품에 농약이 많이 들어있다는 뉴스를 보고 얼마 전에는 주말 농장도 구입했답니다. (길러 먹다)

❷ 전 드라마 작가입니다. 대본을 쓸 때는 집중해야 하기 때문에 다른 일은 전혀 하지 못 합니다. 부엌을 갖춘 큰 오피스텔에서 살고 있지만 요리한다든가 나가서 외식을 한다든가 하는 여유 있는 생활은 꿈도 못 꿔요. (　　　　)

❸ 전 얼마 전에 부모님으로부터 독립했습니다. 원해서 독립은 했지만 막상 혼자 살아보니 생활비가 너무 많이 들어 어쩔 수 없이 짠돌이가 되어 가고 있는데요. 최대한 식비를 아끼기 위해 가능한 한 식사는 집에서 하려고 합니다. (　　　　)

❹ 전 업무 때문에 바이어들에게 식사 대접을 자주 하고 해외 출장도 잦은 편이어서 집에서는 거의 식사를 하지 못합니다. (　　　　)

❺ 우리 엄마는 장사하시느라 항상 늦게 들어오세요. 엄마는 시간에 쫓기시면서도 국이 없으면 밥을 못 먹는 저를 위해 일주일치 먹을 국을 만들어 냉동실에 넣어두시곤 해요. 엄마께 늘 고마우면서도 죄송스러운 마음이 들어요. (　　　　)

❻ 전 며칠 전 예쁜 아기를 낳은 산모입니다. 오랫동안 기다려 온 아기를 만난 것은 정말 행복한 일이지만 아기를 낳느라 체력소모가 심하여 무척 기운이 달립니다. 붓기도 잘 안 빠지고 치아와 뼈도 부실해졌어요. 머리카락도 한 움큼씩 빠져 고민입니다. (　　　　)

❼ 저희 집안에는 암으로 돌아가신 분들이 많아서 늘 건강에 신경을 쓰고 있는데요. 공장에서 나온 식품들에는 유해한 식품첨가물이 들어 있어 암을 유발한다는 뉴스를 듣고 부엌 찬장 속에 있는 통조림, 햄 등을 모두 버렸어요. 앞으로는 제철 과일이나 채소를 중심으로 식단을 짜야겠어요. (　　　　)

❽ 이번 주말에 친구들과 야외 캠프를 가려고 준비 중이에요. 캠프장에서 취사해야 되니까 아무래도 빠르고 편리하게 요리할 수 있는 것들을 많이 가지고 가야 할 것 같아요.

(　　　　)

문법

-긴 -나 봐요

3. 다음 그림을 보고 '-긴 -나 봐요'를 사용해 문장을 완성하십시오.

❶ 

❷ 

❸ 

❹ 

❺ 

❻ 

❶ 이 집에서 저 음식이 제일 맛있긴 맛있나~~나/은가/ㄴ가~~ 봐요.
사람들이 모두 다 저것만 먹고 있어요.

❷ ....긴 ....나/은가/ㄴ가 봐요.
세일인데도 손님이 별로 없네요.

❸ ....긴 ....나/은가/ㄴ가 봐요.
표가 다 매진됐대요.

❹ ....긴 ....나/은가/ㄴ가 봐요.
아직 마흔도 안 되었는데 대통령으로 당선되었어요.

❺ ....긴 ....나/은가/ㄴ가 봐요.
시험점수가 60점을 넘은 학생들이 없어요.

❻ ....긴 ....나/은가/ㄴ가 봐요.
이번 월드컵에서 또 우승을 했습니다.

4. 다음 뉴스 헤드라인을 읽고 대화를 완성하십시오.

❶ **공무원도 여풍, 전체 45.2% 차지**	가 : 이번 공무원 시험에서 여성 합격률이 거의 50% 가까이 되던데요. 나 : 요즘 여성들의 사회진출이 활발하긴 활발한가 ~~나/은가/ㄴ가~~ 봐요. 고시나 대기업 입사시험에서도 이와 비슷한 결과를 보이고 있어요.
❷ **'꽃 같은 인생' 포기? 자살 기도 20-30대가 과반**	가 : 요즘에 젊은 사람들이 ______________ 긴 ______________ 나/은가/ㄴ가 봐요. 자살하는 사람의 반 이상이 20-30대라네요. 나 : 맞아요. 그렇게 쉽게 인생을 포기하면 안 되는데 말이에요.
❸ **가을축제, 전국은 지금 가는 곳마다 '페스티벌'**	가 : ______________ 긴 ______________ 나/은가/ㄴ가 봐요. 전국 곳곳에서 축제가 열린다는군요. 나 : 저도 이번 주말에 서해안 새우축제에 가서 바람도 쐬고 새우도 실컷 먹고 오려고요.
❹ **국제유가 사상 최대 폭등, 미 증시는 폭락**	가 : ______________ 긴 ______________ 나/은가/ㄴ가 봐요. 유가는 폭등하고 주가는 폭락했대요. 나 : 앞으로 어떻게 살아야 할지 막막하네요.
❺ **국민 59.7%, "인터넷으로 신문 읽는다."**	가 : ______________ 긴 ______________ 나/은가/ㄴ가 봐요. 60%나 되는 사람들이 인터넷으로 신문을 본다는군요. 나 : 저도 신문구독을 끊은 지 오래 됐어요.
❻ **추석인사도 휴대전화 메시지로 1인당 55건**	가 : ______________ 긴 ______________ 나/은가/ㄴ가 봐. 추석 때 1인당 보낸 인사 메시지가 55건이래. 나 : 나도 직접 인사 안 가고 문자메시지로 많이 때웠어.

–길래

5. 다음 그림을 보고 '–길래'를 사용해 문장을 완성하십시오.

❶

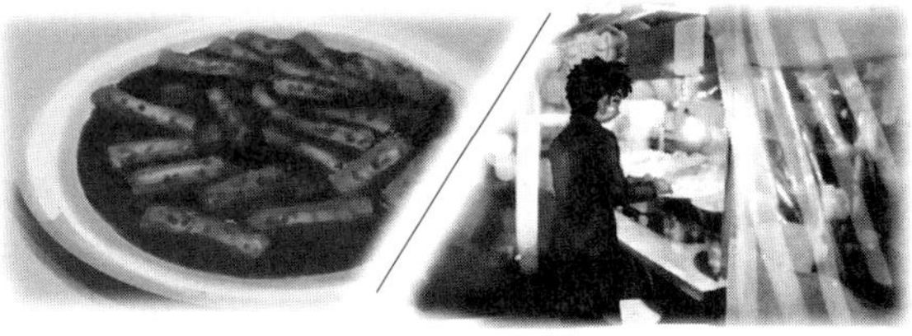

떡볶이가 맛있어 보이 .... 길래

사 먹었어요.

❷

.... 길래

샀어요.

❸

.... 길래

무슨 일이냐고 물어봤어요.

❹

.... 길래

....

❺

.... 길래

....

❻

.... 길래

....

6. 관계있는 것을 연결하고 '-길래'를 사용해 한 문장으로 만드십시오.

❶ 도대체 사랑이 뭘까? •	• 그렇게 시끄러워? 전화 소리가 하나도 안 들려.
❷ 저 사람이 누굴까? •	• 평생을 잊지 못하며 사는 걸까요?
❸ 거기가 어디니? •	• 그렇게 비쌉니까?
❹ 도대체 유기농 한우는 어떻게 키울까? •	• 사람도 못 알아봐요?
❺ 언제 떠났니? •	• 여태 안 와?
❻ 얼마나 마셨니? •	• 사람들이 사인해 달라고 몰려들어요?

❶ 도대체 사랑이 뭐길래 평생을 잊지 못하며 사는 걸까요?

❷ ....

❸ ....

❹ ....

❺ ....

❻ ....

YONSEI KOREAN WORKBOOK 5

3과 2항

어휘

1. 다음 [보기]에서 알맞은 단어를 골라 빈 칸에 쓰십시오.

[보기] 주 5일 근무제 / 하긴 / 여가 / 활용하다 / 알차다

우리 회사에서 드디어 (주 5일 근무제)~~이~~/가 실시된다. 이제 주말에는 내 마음대로 시간을 보낼 수 있다니 정말 꿈만 같다. (   ) 다른 회사들도 다 시작했으니 우리 회사도 당연히 해야지. 근로자가 누려야 할 당연한 권리인데도 왜 이리 기쁜지…… 앞으로 얼마나 즐겁게 (   ) 시간을 보낼지 상상하는 것만으로도 너무 행복하다. 밀린 잠을 잘까? 친구들을 만날까? 아니지. 귀한 주말 시간을 잘 (   )어서/아서/여서 내 미래의 발전을 위해 노력하도록 해야겠다. 시간을 헛되이 쓰지 말고 (   )게 보내야 나중에 후회하지 않겠지?

2. 다음 [보기]에서 관계있는 단어를 골라 쓰십시오.

[보기] 격주 휴무 / 징검다리 휴일 / 월차 휴가

❶ 다음 주 수요일에 어머니 수술이 잡혀 있어서 휴가를 내기로 했어요. (월차 휴가)

❷ 올해 크리스마스는 화요일이에요. (   )

❸ 우리 회사는 아직 주 5일 근무제를 시행하지 않고 둘째, 넷째 토요일에만 쉬고 있어요. (   )

[보기] 동호회 / 동호인 / 동아리 / 클럽 / 활력소 / 활기 / 재충전 / 원기

저희 가족의 여가 활동을 소개해볼까 합니다. 저희 할아버지, 할머니께서는 오랫동안 로터리 (클럽)의 회원으로 활동하고 계십니다. 여기에서 지역사회 발전을 위해 봉사활동도 하시고 회원 간의 친목을 도모하는 다양한 사교모임도 갖고 계십니다. 저희 아버지, 어머니께서는 재작년부터 댄스스포츠 (   )에 가입하셔서 (   )으로/로 활동하고 계신데요. 춤이 삶의 (   )이/가 되어 특히 어머니는 주부 우울증도 없어지셨어요. 아버지는 늘 일에 지친 모습이셨는데 춤 때문에 보약을 먹지 않고도 (   )을/를 되찾았다고 자랑이 대단하십니다. (   )차게 중년을 보내게 됐다나요. 두 분이 사이좋게 춤추시는 모습을 보면 저도 좀 부럽긴 합니다. 저는 올해 대학에 들어온 이후로 요가를 배우고 명상을 하는 (   )에 가입했어요. 늘 공부다, 친구모임이다 해서 바쁜 생활 속에 나만의 시간을 마련하여 요가와 명상을 하고 나면 내적으로 (   ) 된 느낌을 갖게 되어 좋습니다.

문법

-기는커녕

3. 다음을 읽고 대화를 완성하십시오.

보고 싶은 은희에게,

은희야, 잘 지내고 있니? 한국은 아직도 많이 덥지?

난 이탈리아를 거쳐 스위스에 도착했단다. ❶ 여긴 덥지도 않고 아침 저녁으로는 선선해서 추울 정도야. ❷ 혼자 여행 다니면 외로울 줄 알았는데 오히려 친구 사귈 기회가 더 많아져서 참 좋구나.^^ ❸ 음식이 안 맞으면 어떡하나 걱정돼서 휴대용 고추장도 싸 왔는데 여기 음식을 너무 잘 먹어 살이 찔까봐 걱정이야. ^^; ❹ 좋은 공기에 맛있는 음식도 잘 먹고 다니니까 피곤하지도 않고 오히려 기운이 넘친단다. 근데 사실 여기 온 이유는 알프스에서 스키도 타고 멋진 남자도 만나는 거였는데 막상 와보니 ❺ 이상기후 때문에 눈이 다 녹아버려서 스키도 못 타고 눈 구경도 못 했어. ❻ 멋진 남자는 만났냐고? 여긴 온통 아저씨, 할아버지 천지란다.-_-

그럼 이만 줄인다. 또 엽서 보낼게. 잘 지내.

지연이가.

❶ 희정: 지연이가 지금 스위스에 있다며? 거긴 덥지 않대?
   은희: 덥 기는커녕 아침 저녁으로는 선선해서 추울 정도래.

❷ 희정: 혼자 여행 다니면 외롭지 않을까?
   은희: ________ 기는커녕 오히려 ________.

❸ 희정: 현지 음식이 입에 안 맞으면 고생스러울 텐데……
   은희: ________ 기는커녕 ________.

❹ 희정: 배낭여행이라 무척 피곤할 거야.
   은희: ________ 기는커녕 ________.

❺ 희정: 알프스에서 스키 탈 거라고 노래를 부르더니 스키는 탔을까?
   은희: ________ 기는커녕 ________.

❻ 희정: 멋진 남자도 만날 거라고 했는데……
   은희: ________ 은커녕/는커녕 ________.

4. '-기는커녕'을 사용해 대화를 완성하십시오.

❶ 가 : 어제 가게에 손님이 많이 왔어요?
나 : 손님이 많이 오기는커녕 개미 한 마리 얼씬 안 하던데요.

❷ 가 : 수영을 시작하고 살이 빠졌어요?
나 : ________ 기는커녕 ________.

❸ 가 : 병원에서 치료받으면서 증세가 나아졌습니까?
나 : ________ 기는커녕 ________.

❹ 가 : 마사지를 받고 피로가 좀 풀렸어요?
나 : ________ 기는커녕 ________.

❺ 가 : 초등학교에서 영어교육을 실시한 이후로 영어학원에 가는 학생들이 줄어들었어요?
나 : ________.

❻ 가 : 어제 그 친구와 만난다더니 오해는 풀었어?
나 : ________.

-을뿐더러

5. '-을뿐더러'를 사용해 문장을 바꾸십시오.

❶ 그는 말도 없고 별로 웃지도 않는 학생이었습니다.
→ 그는 말도 없을뿐더러~~을뿐더러/ㄹ뿐더러~~ 별로 웃지도 않는 학생이었습니다.

❷ 벨리댄스는 운동량도 많고 누구나 재미있게 할 수 있기 때문에 좋다.
→ ________ 을뿐더러/ㄹ뿐더러 ________.

❸ 김 선생님은 중국어로 강의도 할 수 있고 동시통역도 할 수 있습니다.
→ ________ 을뿐더러/ㄹ뿐더러 ________.

❹ 그 사람은 사업 실패로 전 재산을 잃고 약혼자와도 헤어지게 되었다.
→ ________ 을뿐더러/ㄹ뿐더러 ________.

❺ 각종 공해와 소음은 도시의 생활환경을 파괴하고 사람들의 생명까지도 위협한다.
→ ________.

❻ 국산 생선은 수입산에 비해 가격이 워낙 비싸 팔리지도 않고 팔아도 이윤이 별로 남지 않는다고 합니다.
→ ________.

6. 다음 표를 보고 '-을 뿐더러'를 사용해 문장을 만드십시오.

〈연세대학교 동아리 소개〉

동아리의 종류	활 동 1	활 동 2
❶ 화우회(그림동아리) 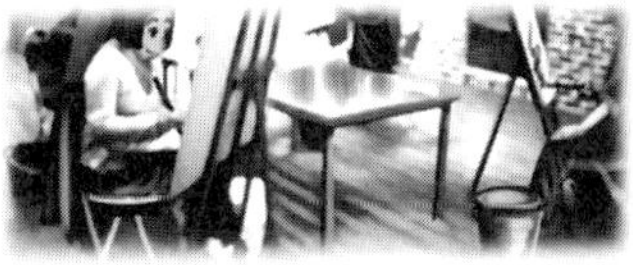	실내에서 정물화, 인물화를 그리다	야외로 나가 풍경화를 그리기도 하다
❷ 소나기(록 밴드) 	함께 모여 록 음악을 연주하다	
❸ 아카라카(응원 동아리) 	체력훈련을 하다	
❹ YCC(컴퓨터 동아리) 		컴퓨터 프로그래밍을 배우기도 하다
❺ 녹색회(환경 동아리) 		축제 때 친환경 장터를 열어 유기농 음식을 만들어 팔기도 하다
❻ 영화패(영화 동아리) 		

❶ 화우회 : 우리 동아리에서는 실내에서 정물화, 인물화를 그릴뿐더러~~을뿐더러/ㄹ뿐더러~~ 야외로 나가 풍경화를 그리기도 합니다.

❷ 소나기 : .... 을뿐더러/ㄹ뿐더러 ....

❸ 아카라카 : .... 을뿐더러/ㄹ뿐더러 ....

❹ YCC : .... 을뿐더러/ㄹ뿐더러 ....

❺ 녹색회 : ....

❻ 영화패 : ....

3과 3항

읽고 말하기

※ 다음 글을 읽고 질문에 답하십시오.

2003년 10월 수십 명의 젊은이가 '붉은 악마' 차림으로 서울 강남 코엑스몰에 나타났다. 누군가의 호루라기 소리에 맞춰 나타난 그들은 축구공 대신 풍선을 터뜨리고 응원 구호를 외치면서 월드컵 열기를 그대로 재연했다. 그리고 나타났을 때처럼 누군가의 호루라기 소리에 맞춰 일제히 사라지고 말았다.

이른바 플래시 몹(flashmob)이 펼쳐진 것이다. 플래시 몹은 '플래시 크라우드(flash crowd)', 즉 갑자기 사용자가 증가하는 현상을 뜻하는 말과 '스마트 몹(smart mob)' 즉 의견이 일치하는 대중을 뜻하는 말의 합성어다.

플래시 몹은 얼굴도 모르는 불특정 다수의 대중이 인터넷과 이메일을 통해 시간과 장소를 정해 미리 약속한 행동을 하고 감쪽같이 사라지는 것을 말하는데, 이는 뉴욕에서 시작되어 이후 파리, 베를린으로 확산됐으며 2003년 후반에 서울의 명동, 강남역, 코엑스 등에서 펼쳐졌다.

플래시 몹은 인터넷과 휴대 전화에 의해 전혀 모르는 사람들이 대도시의 한 장소에 동시에 모여서 놀이로써 관계를 맺는 것이다. 인터넷 공간이 만들어놓은 개인주의적 행동과 사소한 것의 즐거움이 오프라인의 세상에서 펼쳐지며, 세상과 단절된 것처럼 보이지만 이들은 디지털 세대만의 방식으로 세상에 발언을 하기도 한다. 서태지의 신곡이 방송 불가 판정을 받았을 때 항의하는 방식으로 방송사 앞에서 잠시 동안 집단적으로 쓰러지는 퍼포먼스를 보이는 등 디지털 세대는 그들만이 가진 방식으로 사회에 말을 건다.

또한 익명의 공간이면서 동시에 일의 공간인 도시에서 '놀이'를 함으로써 도시의 규칙을 일시적으로 흔들어 놓는다. 그리고 어린 시절에나 허용되었던 '놀이'를 함으로써 어른의 공간, 일의 공간에서 벗어나 일탈의 즐거움을 맛본다. 이러한 일탈적 놀이는 새로운 삶의 방식의 한 예를 보여 준다.

1. '플래시 몹'이란 무엇입니까?

2. '플래시 몹'에 대한 설명으로 맞지 않는 것은 무엇입니까? (   )

❶ 전혀 모르는 사람들이 한 장소에 모여서 하는 놀이이다.

❷ 디지털 세대의 새로운 놀이 방식의 하나이다.

❸ 지금까지와는 다른 방식으로 사회 문제에 대해 의사 표현을 하기도 한다.

❹ 정해진 시간에 온라인상에서 집단 놀이를 한다.

3. 디지털 시대에 새로운 놀이로는 어떤 것이 있을까요? 이야기해 봅시다.

듣고 쓰기

CD: 03

※ 다음을 듣고 질문에 답하십시오.

1. 제3의 공간이란 무엇입니까?

2. 들은 내용과 다른 것은 무엇입니까? (   )

❶ 제3의 공간은 인맥 형성을 위해 활용되기도 한다.

❷ 현대에 들어 많은 공간들이 상업화되고 있다.

❸ 제3의 공간은 현대에 처음 나타난 공간이다.

❹ 제3의 공간을 갖춘 곳의 판매량이 더 늘었다.

3. 여러분의 제1, 제2, 제3의 공간과 각 공간에서의 생활에 대해서 쓰십시오.

관용어 1

1. 가려운 곳을 긁어 주다

남에게 꼭 필요한 것을 잘 알아서 대신 해주다.

- '대통령과의 대화'에서 한 시민의 질문은 국민들의 가려운 곳을 긁어 주었다.

2. 간에 기별도 안 가다

먹은 양이 아주 적어서 먹은 것 같지 않다.

- 배가 부르기는커녕 간에 기별도 안 간다.

3. 간이 콩알만 해지다

겁이 나서 몹시 무서워하거나, 많이 놀랐음을 표현하는 말.

- 아무도 없는 숲길을 밤늦게 걷다보니까 마치 귀신이 나올 것 같아서 간이 콩알만 해졌다.

4. 개미 새끼 한 마리 얼씬하지 않다

아무 것도(아무도) 나타나지 않다.

- 부동산 시장이 얼어붙어서 부동산 중개소에 개미 새끼 한 마리 얼씬하지 않는다.

5. 검은 머리가 파뿌리가 되도록 살다

늙어서 머리가 하얗게 셀 때까지 오래 살다.

- 결혼식에서 신랑과 신부는 어떤 어려움이 있더라도 검은 머리가 파뿌리가 되도록 살겠다고 했다.

6. 겉 다르고 속 다르다

마음속으로는 좋지 않게 생각하면서도 겉으로는 좋은 것처럼 행동하는 사람에게 하는 말.

겉과 속이 다르다.

- 겉 다르고 속 다른 사람을 표리부동한 사람이라고 하는데, 그런 사람들은 믿을 수 없다.

7. 굶기를 밥 먹듯 하다

자주 굶다.

- 김영수 씨는 굶기를 밥 먹듯 하더니 결국 영양실조에 걸렸다.

8. 그 사람(놈)이 그 사람(놈)이다

둘 이상의 사람이나 사물을 비교할 때 서로 차이가 없음을 낮잡아 이르는 말.

- 이번 선거에서 유권자들은 입으로는 정치 발전을 위해 새 사람을 뽑아야 한다고 했지만, 선거 결과는 그 사람이 그 사람이었다.

9. 꿀 먹은 벙어리

속에 있는 생각을 나타내지 못하는 사람.

- 그 회의 분위기는 워낙 딱딱해서 발표자 이외에는 모든 사람이 꿀 먹은 벙어리처럼 앉아 있었다.

10. **다람쥐 쳇바퀴 돌듯 하다**

계속해서 똑같은 일을 반복하고 끝이 없을 때 쓰는 말.

- 결론을 내기 위해 오랜 토의를 했지만 다람쥐 쳇바퀴 돌듯 같은 말을 반복하기만 했을 뿐 결론이 나지 않았다.

관용어 연습 1

1. 가 : 배고파 죽겠어요.
나 : 책상 위에 초코파이 있으니까 먹으렴.
가 : 아이고, 이것 갖고는 .... 어요/아요/여요.

2. 가 : 골프 연습장에서 만난 허 사장하고 동업할까 해. 인상도 좋고 사업 경험도 많은 것 같던데……
나 : 그래도 .... 는/은/ㄴ 사람이 많으니까 조심해야지…….

3. 가 : 차표 살 돈도 없다더니 어떻게 서울까지 왔어?
나 : 차표 검사 있을 때마다 화장실에 숨어 있었어. 검사원이 올 때마다 들킬까 봐 ....
.... 더라.

4. 가 : 오늘도 가게에 .... 는군요/군요.
나 : 그래. 오늘도 손님이 한 사람도 오지 않는구나.
가 : 이렇게 경기가 나빠서야 어디 밥 먹고 살 수 있겠어요?

5. 가 : 지난번에 얘기한 그 일, 믿고 맡길 만한 사람을 골랐나?
나 : 글쎄, 우리 부서 사람들은 다 .... 이라고/라고 마땅한 사람이 없네.

6. 가 : 아까 외국인하고 같이 있던데, 그동안 쌓은 영어 실력 발휘 좀 했어?
나 : 아니, 막상 외국인을 만나니까 너무 긴장이 돼서 .... 처럼 아무 말도 못했어.

7. 가 : 너 그 신문 만평 봤니?
나 : 이번에 나온 교육 정책의 문제점을 정확히 꼬집었더라. 정말 .... 었어/았어/였어.

8. 가 : 전 세계에서 8억 5천만 명 정도가 기아에 시달리고 있대.

나 : 우리는 한 끼만 굶어도 힘든데 ________________ 는/은/ㄴ 사람들은 얼마나 괴로울까.

9. 가 : 여보, ________________ 자더니 왜 이렇게 병원에 누워만 있소? 어서 털고 일어나구려.

나 : 나 때문에 당신과 아이들이 고생이 많네요. 빨리 일어나야 할 텐데……

10. 가 : 오랜만이네, 자네 요즘 어떻게 지내나?

나 : 매일 매일이 ________________ 똑같지, 뭐. 자넨 어떤가?

제 4 과 과학과 기술

4과 1항

어휘

1. 다음 [보기]에서 알맞은 단어를 골라 빈 칸에 쓰십시오.

[보기] 특이하다 친근하다 조합하다 홈피

❶ 친구는 미니 (홈피)을/를 예쁜 그림과 사진으로 꾸며 놓았다.
윤주 씨 (홈피)은/는 유용한 정보가 많아서 누리꾼들에게 인기가 있다.

❷ 그 카페 이름은 우리에게 ( )는/은/ㄴ 노래 가사에서 따온 것이다.
그 여배우는 이웃집 누나 같은 ( )는/은/ㄴ 외모와 뛰어난 연기력으로 인기를 끌고 있다.

❸ 나는 ( )는/은/ㄴ 체질이어서 약을 복용할 때 조심해야 한다.
드라마 '베토벤 바이러스'에 나오는 여주인공은 두루미라는 아주 ( )는/은/ㄴ 이름을 가지고 있었다.

❹ 한글의 자음과 모음을 ( )으면/면 모두 몇 글자가 나올까요?
결혼기념일과 청혼 받은 날짜를 ( )어서/아서/여서 비밀번호를 만들었다.

2. 다음 [보기]에서 알맞은 단어를 골라 빈 칸에 쓰십시오.

[보기]

인터넷을 사용하다
인터넷에 접속하다
인터넷이 연결되다
인터넷이 끊어지다
접속이 원활하다
접속이 제한되다

이메일/사이트 아이디
홈페이지용/블로그용 아이디
대화명
닉네임

홈페이지/블로그를 만들다/꾸미다/방문하다
글을 남기다/달다/올리다
글(그림, 사진)을 퍼가다

❶ 직장 일에 바쁜 나는 쇼핑을 하러 갈 시간이 없어서 (인터넷을 사용해서)~~어서/아서/여서~~ 물건을 구입하기로 했다. (   )은/ㄴ 후 쇼핑몰 사이트에 들어갔다. 그런데 물건을 사려면 회원가입을 해야 했다. 그래서 (   )을/를 만들어야 했다.

❷ 요즘 정치 문제로 사회가 떠들썩해서 정치 토론 사이트에 들어가 보았다. 많은 사람들이 인터넷상에서 토론을 벌이고 있었고, (   )고 있었다. 재미있고 특이한 (   )과/와 (   )을/를 가진 사람들도 있었다. 사람들의 토론을 보다가 어떤 사람의 의견을 보고 나도 내 의견을 써서 (   )었다/았다/였다. 몇몇 사람들이 내 글을 보고 자신들의 블로그로 (   )고 싶다고 해서 허락했다.

❸ 10년 전 처음 컴퓨터에 (   )을/ㄹ 때가 생각난다. 그때는 인터넷의 속도도 느렸고 자주 (   )어서/아서/여서 불편했다. 지금은 초고속 인터넷을 사용하기 때문에 속도도 빠르고 (   )어서/아서/여서 그때와 비교할 수 없을 정도로 편리하다. 인터넷의 발달과 함께 유익한 사이트도 많이 생겼지만 청소년에게 (   )는/은/ㄴ 해로운 사이트도 적지 않다.

❹ 오랫동안 만나지 못한 친구의 근황이 궁금해서 친구의 (   )었다/았다/였다. 친구는 홈페이지에 배경 음악을 깔고 가족사진과 여행 사진, 여행 감상문 등으로 아주 예쁘게 (   )어/아/여 놓았다. 친구의 글에 대한 내 감상을 써서 친구의 홈페이지에 (   )었다/았다/였다. 친구의 홈페이지를 보고 나도 (   )기로 했다.

문법

–데요

3. 다음을 읽고 '–데요'를 사용해 대화를 완성하십시오.

> 내가 지지하는 자유평등당 전당대회에 갔다. 대통령 후보를 뽑기 위해서였다. 전당대회는 열기로 가득 차 있었다. 여러 후보 중 두 후보의 연설이 아주 인상적이었다. 김힘찬 후보와 최신중 후보였다. 김힘찬 후보는 열정과 패기가 넘친 반면 최신중 후보는 차분하고 침착한 분위기였다. 사람들은 자신이 지지하는 후보를 열렬히 응원하고 있었다. 자신이 지지하는 후보의 이름을 부르면서 응원가도 부르고 있었다. 응원가들이 너무 경쾌해서 나도 모르게 따라 부르게 되었다.

❶ 직장 동료 : 어제 자유평등당 전당대회에 갔다면서요? 분위기가 어땠어요?
나 : 열기로 가득 차 있데요.

❷ 직장 동료: 여러 명의 후보들이 있는데, 어느 후보가 마음에 들었어요?
나 : ________________ 데요.

❸ 직장 동료: 김힘찬 후보의 인상은 어떻던가요?
나 : ________________ 데요.

❹ 직장 동료: 그러면 최신중 후보는 어땠어요?
나 : ________________ 데요.

❺ 직장 동료: 전당 대회에 온 사람들은 무엇을 하고 있었어요?
나 : ________________ .

❻ 직장 동료: 어떻게 응원을 하던가요?
나 : 지지하는 후보의 이름을 부르면서 응원가를 부르고 있었어요.
________________ .

4. 다음을 읽고 '-데요'를 사용해 대화를 완성하십시오.

청계천을 걷다가 '청혼의 벽'에서 벌어진 청혼 장면을 보게 되었다. 나는 결혼에 관심이 없지만 워터스크린 위에 중계되는 장면이 신기해서 계속 보게 되었다.

청혼을 하는 남자는 마이크로 사랑하는 여자에게 사랑을 고백하며, 반지와 꽃을 선물하고 있었다. 목소리는 떨리고 표정은 진지했다. 청혼을 받은 여자가 승낙을 하자 축하메시지가 영상 위에 떴다.

다음날 나는 어떻게 청혼을 해야 할지 고민하는 친구를 만났다.

친구 : 어떻게 청혼을 해야 할지 고민이야.

나 : 어제 '청혼의 벽'을 지나다 보니 어떤 남자가 그곳에서 ❶ 청혼을 하데.

친구 : 너는 결혼에 관심이 없잖아. 어쩌다가 그걸 보게 됐어?

나 : 결혼에 관심은 없는데 ❷ ________________ 데.

친구 : 그래? 어떻게 청혼을 하던?

나 : 남자가 ❸ ________________ 데.

❹ ________________ 데.

친구 : 그 여자가 승낙을 했어?

나 : 응, ❺ ________________ .

친구 : 그 장면을 보니 결혼하고 싶은 생각이 안 들디?

나 : ❻ ________________ .

–더라고요

5. 다음 명숙 씨의 일기를 읽고 '–더라고요'를 사용해 대화를 완성하십시오.

> 2009. 12. 22.
> 오늘은 영화감독이자 영화 평론가인 김연세 감독의 책을 사러 광화문에 있는 서점에 갔다. 서점에서 나와 크리스마스 분위기가 물씬 나는 거리를 걸어 청계천까지 갔다. 청계천에는 루체비스타가 아름답게 빛나고 있었다. 많은 사람들이 사진을 찍고 산책을 하며 추억을 만들고 있었다. 그곳을 걷다 보니 작년에 갔던 핀란드의 산타 마을이 생각났다. 산타 우체국과 산타 오피스, 사람들에 둘러싸여 재미있게 얘기하던 산타클로스. 그곳을 방문하는 사람들의 80%가 어른이라고 해서 놀랐던 기억이 난다. 바로 그때 영화의 한 장면 같은 일이 일어났다. 바로 내 앞에 김연세 감독이 서 있는 것이었다! 그는 책표지 사진의 세련된 이미지와 다르게 세상의 시름이 적당히 스며들었으면서도 40대 답지 않은 풋풋한 인상을 가지고 있었다. 책에 사인을 받고 집에 돌아 왔는데 너무 기쁜 나머지 잠을 이루지 못했다. 잠이 많던 평소의 나답지 않게.

명숙은 다음날 영화 아카데미에서 같이 공부하는 희정을 만났다.

희정 : 명숙 씨, 무슨 좋은 일이 있나 봐요? 기분이 좋아 보여요.

명숙 : 네, 어제 청계천에 갔다가 아주 기쁜 일이 있었거든요.

희정 : 요즘 청계천은 크리스마스를 맞아 아름답게 단장했다고 들었는데, 어땠어요?

명숙 : ❶ 루체비스타가 아름답게 빛나고 있더라고요.

희정 : 사람들이 많지요?

명숙 : 네, ❷ 사람들이 ______________________________ 더라고요.
❸ 청계천을 걷다 보니 작년에 갔던 ______________________________ 더라고요.

희정 : 거기를 방문하는 사람들은 주로 아이들이겠죠?

명숙 : 아니었어요. ❹ ______________________________ 더라고요.
그런데 어제 청계천에서 김연세 감독과 마주쳤어요.

희정 : 실제로 보니까 어때요? 사진처럼 세련된 인상이던가요?

명숙 : 사진과 느낌이 달랐어요. ❺ ______________________________.
사인을 받고 집에 돌아 왔는데 어찌나 기쁜지 ❻ ______________________________.

6. 대화를 완성하십시오.

친구 : 새로 자동차를 샀다면서? 그 차는 승차감이 좋다고 하던데, 정말 그래?

나 : 응, ❶ 정말 승차감이 좋 더라. 그리고 평소에도 운전을 조심해서 하는 편인데, 새 자동차를 운전하니까 더 ❷ ________________ 더라. 운전을 하는 김에 시내 이곳저곳을 돌아 다녔어. 그러다 노천카페가 눈에 띄길래 거기서 커피를 마셨지.

친구 : 노천카페? 나도 한 번 가 본 적이 있어. 전에는 노천카페가 아주 드물었는데, 요즘은 ❸ ________________ 더라. 거기서 커피를 마시니까 커피 맛이 한결 더 그윽하던데.

나 : 맞아, 시원한 바람과 따뜻한 햇빛 속에서 커피를 마시니까 네 말처럼 커피가 더 ❹ ________________ 더라. 참, 너는 지난주에 설악산에 갔다 왔다면서? 어땠어? 단풍이 다 들었어?

친구 : 응, 보통 때와 다르게 벌써 ❺ ________________ 더라고.

나 : 여행을 갔다 오니까 어때?

친구 : 여행을 가기 전에는 스트레스가 쌓여서 의욕이 없었는데, 갔다 오니까 ❻ ________________ 더라고.

4과 2항

어휘

1. 다음 [보기]에서 알맞은 단어를 골라 빈 칸에 쓰십시오.

[보기]	생명공학	유전인자	복제	사례	부작용
	장기이식	불치병	이치	혜택	

이 세상에는 (불치병)에 걸려 고생하는 사람들이 있다. 사람이 태어나고 죽는 것은 자연의 ( )지만 무병장수는 인간의 영원한 꿈이라고 할 수 있다. 현재 과학과 의학의 발전은 간, 심장, 신장 등의 ( )을/를 가능하게 했다. 그리고 체세포로부터 똑같은 개체를 만들어 내는 ( ) 기술이 발전해 벌써, 양, 소, 쥐 등이 만들어졌다. 생명을 연구해 인간에게 유용한 것을 생산해 내기 위한 학문인 ( )은/는 인간에게 많은 ( )을/를 주기도 할 것이다. 하지만 이로 인한 ( )도 적지 않다. ( )에 변형을 가해 만들어낸 GMO 식품이 그 예이다. 이러한 문제점에 대한 다양한 ( ) 연구가 필요하다.

2. 다음 [보기]에서 알맞은 단어를 골라 빈 칸에 쓰십시오.

[보기]	유전공학	염색체	유전자	조작
	수명 연장	동물 실험	신약 개발	

❶ 잃어버렸던 자식을 20년 만에 찾게 되었을 때 친자 확인을 위해 (유전자)검사를 했다.

❷ 요즘에는 유전자를 ( )해서 새로운 품종의 과일과 채소를 만든다.

❸ 새로 나온 약이 안전한지 시험하기 위해서 인간이 복용하기 전에 ( )을/를 합니다.

❹ 암을 치료하기 위해 ( )에 박차를 가하고 있다.

❺ ( )은/는 유전이나 성 결정에 중요한 역할을 하지요. 예를 들면 여성은 XX ( )을/를 가지고 있어요.

❻ 오래전부터 인간의 ( )을/를 위해 과학과 의학이 끊임없이 발전해 왔다.

❼ ( )은/는 생물의 유전자를 인공적으로 가공하여, 인간에게 필요한 물질을 대량으로 값싸게 얻는 기술에 관한 학문이다.

문법

-되

3. 다음 표를 보고 '-되'를 사용해 대화를 완성하십시오.

'가'	신경 쓸 점
❶ 인터넷 중독자	시간을 정해 놓고 하다
❷ 투자를 고민하는 사람	분산 투자를 해서 위험을 피하다
❸ 파티에 가고 싶은 사람	일을 끝내고 가다
❹ 미니 홈피를 만들고 싶은 사람	너무 많은 개인 정보를 올리지 않다
❺ 오지에 봉사 활동을 가고 싶은 사람	철저히 준비하다
❻ 도서관에서 컴퓨터를 사용하고 싶은 신입생	사용 시간이 2시간을 넘지 않다

❶ 가 : 저는 인터넷을 시작하면 밤을 새우기 일쑤예요. 일상생활에 지장을 줄 정도예요. 이제는 좀 벗어나고 싶습니다. 인터넷을 아예 하지 말아야 할까요?
의사 : 인터넷을 하되 시간을 정해 놓고 하세요.

❷ 가 : 몇 년 동안 저축을 해서 돈을 조금 모았습니다. 이 돈을 어딘가에 투자해서 돈을 벌고 싶은데요. 무엇을 주의해야 하나요?
투자 상담자 : ____________________ 되 ____________________.

❸ 가 : 내일까지 회사에 낼 보고서를 아직 못 끝냈어. 오늘 꼭 가고 싶은 파티가 있는데, 어떻게 하지?
친구 : ____________________ 되 ____________________.

❹ 가 : 미니 홈피를 만들고 싶지만 사생활이 노출될 것 같아 꺼림칙해.
친구 : ____.

❺ 가 : 저도 오지에 가서 봉사 활동을 하고 싶은데요.
선배 : ____.

❻ 신입생 : 도서관에서 컴퓨터를 개인적으로 사용해도 되나요?
선배 : ____.

4. 관계있는 것을 연결하고 맞는 상황을 찾아 '-되'를 사용해 대화를 완성하십시오.

❶ 여행을 가다 •	• 너무 꼬치꼬치 캐묻지 말다
❷ 필요한 만큼 예산을 집행하다 •	• 헤드폰을 착용하다
❸ 개인적인 질문을 하다 •	• 남을 비방하는 글을 달지 말다
❹ 지하철에서 음악을 듣다 •	• 가까운 곳으로 가다
❺ 게시판에 글을 올리다 •	• 자신의 소신을 굽히지 말다
❻ 다른 사람의 의견을 참조하다 •	• 반드시 영수증을 첨부하다

❶ 가 : 이번 연휴는 짧아서 여행가기 힘들겠어요. 여행을 가지 말까요?
나 : 여행을 가되 가까운 곳으로 갑시다.

❷ 가 : 악성 댓글 때문에 고통 받는 사람이 많더라고요.
나 : 맞아요. ______ 되 ______.

❸ 가 : 오늘 클럽 파티에 처음 가 보는데 사람들과 어떻게 대화해야 할지 잘 모르겠어요. 개인적인 질문을 해도 될까요?
나 : ______ 되 ______.

❹ 가 : 이번에 우리 부서에서 새 프로젝트를 시작하려면 예산이 많이 들 것 같은데 필요한 만큼 써도 될까요?
나 : ______.

❺ 가 : 지하철에서 핸드폰으로 음악을 듣고 싶은데 괜찮을까요?
나 : ______.

❻ 가 : 사람들은 저에게 소신이 너무 강하다고들 합니다. 제 소신을 굽히고 주위 사람의 의견대로 해야 할까요?
나 : ______.

–는 한

5. 두 사람의 토론을 읽고 '–는 한'을 사용해 문장을 바꾸십시오.

〈인터넷 실명제〉

가 : 저는 인터넷 실명제에 찬성입니다. ❶ **인터넷 실명제를 하지 않는다면 악성 댓글은 절대로 사라지지 않을 겁니다**.

나 : 저는 반대입니다. 인터넷 실명제는 언론의 자유를 억압하는 것입니다. ❷ **인터넷에서 익명성이 보장되지 않는다면 언론의 자유가 보장된다고 할 수 없어요.**

❶ 인터넷 실명제를 하지 않는 한 악성 댓글은 절대로 사라지지 않을 겁니다.

❷ ....

〈유전자 조작 식품〉

가 : ❸ **유전자 조작으로 품종개량을 하지 않는다면 식량 증산의 한계로 인해 식량 위기가 올 것입니다.**

나 : 유전자 조작 식품은 안전성이 의심되고 있습니다. ❹ **유전자 조작 식품이 과연 식용으로 안전한지 충분히 검증되지 않는다면 안심하고 먹기 어려울 것입니다.**

❸ ....

❹ ....

〈낙태〉

가 : 저는 낙태에 반대합니다. 낙태는 인간의 생명을 없애는 것입니다. ❺ **태아를 인간이라고 인정한다면 절대로 낙태를 해서는 안 되죠.**

나 : 하지만 ❻ **낙태를 허용하지 않는다면 여성의 권리는 보장된다고 할 수 없지요.**

❺ ....

❻ ....

6. '–는 한'을 사용해 대화를 완성하십시오.

❶ 가 : 저는 소극적인 성격이에요. 좋아하는 사람이 생겨도 말을 못하고 친구에게 불만이 있어도 혼자서 참기만 합니다.

나 : 자신의 생각을 표현하세요. 자신의 생각을 표현하지 않는 한 다른 사람들은 미선 씨 마음을 알 수 없습니다.

❷ 가 : 명절이 되면 주부들은 마음이 무거워집니다. 여자들만 일을 많이 해야 하는 지금과 같은 명절 문화는 가족 구성원 사이에 갈등만 만들어낼 뿐입니다. 지금의 명절 문화를 바꾸어야만 갈등이 생기지 않는다고 생각합니다.

나 : 맞아요. ______________________는 한______________________.

❸ 가 : 연일 시위가 계속되고 있군요. 이 정치적 위기 상황에서 벗어나려면 정말 특단의 대책이 필요하다고 생각됩니다.

나 : 맞아요. ______________________는 한______________________.

❹ 가 : 이번에 나온 김 작가님 책을 읽었어요. 연세가 많으신 분이 쓴 책인데 마치 열정적인 젊은이가 쓴 것 같아요. 그런 글을 쓴 분이라면 나이가 많아도 노인이라고 할 수 없지요.

나 : 그래요. ______________________는 한______________________.

반대로 열정과 꿈이 없다면 젊어도 젊다고 할 수 없지요.

❺ 가 : 이번에 김 대리의 충고에 따라 일을 했다가 일을 망쳤어요. 저는 정말 김 대리가 원망스럽습니다.

나 : 김 대리의 충고를 따르기로 한 것도 미선 씨 결정이지요. 자기 자신의 문제점에 대해 먼저 생각해 보세요. 미선 씨가 발전을 하고 싶다면 남의 탓을 하지 마세요.

____.

❻ 가 : 우리 아이는 자기 일을 스스로 못해요. 그러니까 하나에서 열까지 제가 다 챙겨 주게 됩니다. 어떻게 하면 독립성을 키워 줄 수 있을까요?

나 : 너무 지나치게 간섭하고 챙겨주지 마세요. ______________________.

4과 3항

읽고 말하기

※ 다음 글을 읽고 질문에 답하십시오.

2000년 2월 23일 '모든 시민은 기자다'라는 구호 아래 인터넷신문 〈오마이뉴스〉가 창간됐다. 〈오마이뉴스〉에 '뉴스 게릴라'란 이름의 시민기자들이 다양한 방식으로 현장에 접근해 뉴스를 쏟아냈다. 이에 따라 뉴스 수용자들도 예전처럼 뉴스를 소비하고 끝나는 것이 아니라 댓글을 통해 적극적으로 참여하며 생산자로 나섰다.

그러나 이제는 일반 시민이 기자가 돼 인터넷언론에 기사를 올리는 데에서 머물지 않고 각 개인이 미디어를 운영하며 언론 활동도 하는 데까지 이르렀다. 이러한 1인 미디어를 가능하게 한 것은 바로 인터넷이며, 디지털카메라와 캠코더, 카메라폰과 영상 휴대전화 같은 정보 통신 기술 역시 큰 역할을 했다. 무엇보다도 1인 미디어 탄생에 빼놓을 수 없는 중요한 역할을 한 것은 블로그다.

1인 미디어가 지닌 장점은 신속성과 광범위한 네트워킹이라고 할 수 있다. 2007년 1월 강릉 인근에서 지진이 발생했을 때 기존 언론은 물론 기상청 통보마저 제치고 네티즌들이 가장 먼저 지진 사실을 인터넷에 쏟아낸 것은 1인 미디어가 가진 신속성을 잘 보여준다고 할 수 있다.

1인 미디어가 정보의 독점을 통한 지배와 피지배의 관계를 수평적 관계로, 일방적 정보 전달 관계를 쌍방향 관계로 만들자, 기존의 저널리즘도 수용자 중심의 뉴스 생산과 유통구조를 만들기 시작했다. 이에 따라 현대 사회의 저널리즘에는 긍정적인 큰 변화가 왔다고 할 수 있다.

그러나 문제점 역시 많아졌다. 먼저 사실로 확인되지 않거나 사실과 다른 정보와 뉴스가 대량으로 유통됨에 따른 혼란이 있다. 두 번째로 명예 훼손과 사생활 노출 등 인권 침해 문제가 나타났다. 세 번째로는 폭력물 등 선정적이고 자극적인 콘텐츠가 확산되고 있으며, 1인 미디어를 가장한 상업적 목적의 정보가 유통되고 있다는 점이다. 또한 오프라인 공간에서 개인은 점점 더 개인화되는 반면 온라인 공간에서는 집단주의 양상을 띠는 것 같은 부작용도 나타났다.

1. 위 글에서 <u>언급되지 않은</u> 것은 무엇입니까? (　　　　)

❶ 1인 미디어의 역사　　❷ 1인 미디어의 장점

❸ 1인 미디어가 가져온 긍정적 영향　　❹ 1인 미디어의 문제점

2. 위 글의 내용과 <u>다른</u> 것은 무엇입니까? (　　　)

❶ 1인 미디어 활동을 하는 사람을 '뉴스 게릴라'라고 부른다.
❷ 1인 미디어의 장점은 빠른 보도 능력과 폭넓은 네트워크이다.
❸ 1인 미디어의 출현으로 인해 현대 사회의 저널리즘에 큰 변화가 생겼다.
❹ 1인 미디어를 이용해 영리를 목적으로 하는 정보가 퍼졌다.

3. 1인 미디어와 관련된 자신의 경험을 이야기해 봅시다.

듣고 쓰기

CD: 04

※ 다음은 TV 다큐멘터리 프로그램의 일부입니다. 듣고 질문에 답하십시오.

1. 무엇에 대한 이야기입니까? (　　　)

❶ 미술품의 보안 유지를 위한 방법
❷ 홍채 등을 이용한 생체 인식 기술
❸ 영화 속에 나타난 발달된 과학 기술
❹ 개인의 고유한 신체적 특징이나 습관

2. 들은 내용과 <u>다른</u> 것은 무엇입니까? (　　　)

❶ 도넛처럼 생긴 홍채는 3살 무렵 그 형태가 결정된다.
❷ 생체 인식에 있어 현재 가장 널리 사용되고 있는 것은 홍채이다.
❸ 카메라에 인식된 홍채의 모양을 등록 정보와 비교하는 데 시간이 많이 걸린다.
❹ 실험에 따르면 실제의 홍채와 정교한 사진 속의 홍채는 동일한 것으로 인식되었다.

3. 생체 인식 기술이 이용될 수 있는 구체적인 경우를 생각해 보고 제안서를 쓰십시오.

제 안 서

* 이용 기술 : .... 을/를 이용한 생체 인식 기술

* 사용 목적 :

* 기대 효과 :

* 소요 예산 :

관용어 2

11. 두 다리 쭉 뻗고 자다

아무 근심 없이 마음 놓고 편히 자다.

- 이제 시험도 다 끝났으니 두 다리 쭉 뻗고 자야겠다.

12. 둘이 먹다가 하나가 죽어도 모르다

매우 맛있다.

- 이 음식은 둘이 먹다가 하나가 죽어도 모를 만큼 맛있다.

13. 도마 위에 오르다

어떤 사물이 비판의 대상이 되다.

- 그 대선 후보의 비리가 여론의 도마 위에 오르면서 지지율이 하락했다.

14. 마음은 굴뚝같다

마음속으로는 너무나 하고 싶은 생각이 많다.

- 같이 여행을 가고 싶은 마음은 굴뚝같지만 다음 주에 중요한 시험이 있어서 어려울 것 같아.

15. 모기 소리만 하다

소리가 매우 작고 약하다.

- 얼마나 겁을 먹었는지 대답하는 목소리가 모기 소리만 했다.

16. 물 쓰듯 하다

돈을 쓸데없이 많이 쓰다.

- 그렇게 돈을 물 쓰듯 하다가는 금방 거지가 될 것이다.

17. 물거품이 되다

수포로 돌아가다. 노력이 헛되다.

- 30일 동안 연속으로 연세 홈쇼핑 사이트에 출석을 하면 무조건 1000포인트를 주는 이벤트에 참여했다. 그런데 마지막 날 너무 바빠 깜빡 잊고 출석을 안 해서 결국 그 동안의 수고가 물거품이 되고 말았다.

18. 바닥이 나다

돈이나 물건이 다 없어지다

- 그 사람의 많은 재산은 그의 낭비벽 때문에 바닥이 나 버렸다.

19. 손때가 묻다

그릇, 가구 따위를 오래 써서 길이 들거나 정이 들다.

- 어머니는 할머니의 손때가 묻은 바느질 상자를 소중하게 여기신다.

20. 양다리를 걸치다

양쪽에서 이익을 보려고 두 편에 다 관계를 가지다.

- 알고 보니 남자친구가 이제까지 나와 내 친구 사이에서 양다리를 걸치고 있었다.

관용어 연습 2

11. 가 : 요즘 모델 활동에 전념하고 계신데, 영화에 출연하실 생각은 없으신가요?
나 : ....지만 너무 바빠서요.

12. 가 : 너, 엄마 말 또 안 들을 거야? 앞으로 말 잘 들을 거지.
나 : 네, 잘 들을게요.
가 : ....게 말하지 말고 좀 크게 말해.

13. 가 : 요즘 회사 분위기가 말이 아니야 ……
나 : 지난 번 회의에서도 해고할 사람에 대해 얘기했대.
다 : 누구누구에 대해 이야기했대? 설마 우리가 ....는/은/ㄴ 것은 아니겠지?

14. 가 : 어, 오늘은 얼굴이 아주 밝은데 …… 뭐 좋은 일이라도 있어?
나 : 응. 두 달 동안 준비해 온 기획안 프레젠테이션이 어제 잘 끝나서 오랜만에 ....
....었어/았어/였어.

15. 가 : 아니, 계산서가 잘못 된 거 아니야? 여보.
나 : 아니. 맞아…… 그건 지난달에 백화점 세일 때……
가: 이렇게 돈을 ....으면/면 어떻게 해.

16. 가 : 그 선수가 갑자기 부상을 당해서 이번 올림픽 대회에 참가를 못하게 됐다면서요?
나 : 지난 4년 동안 그렇게 열심히 연습을 했다는데, 모두 ....
었군요/았군요/였군요.

17. 가 : 이번 여행 같이 가는 거지?
나 : 아니, 나는 못 갈 것 같아. 이번 달 용돈이 벌써 ....어서/아서/여서 지금
한 푼도 없거든.

18. 가 : 유명세 감독이 다른 팀으로 갔다면서?
나 : 재계약을 앞두고 ....고 협상을 하다가 유리한 조건을 제시한 다른
팀으로 갔대.

19. 가 : 방이 이렇게 좁은데 오래된 물건들을 버리지 않고 쌓아 놓고 사는구나.

나 : 어머니의 .... 는/은/ㄴ 것들이라 도저히 버릴 수가 없어서……

20. 가 : 어제 간 식당 음식은 어땠어?

나 : 너무 맛있어서 .... 겠더라.

제 5 과 생활과 경제

5과 1항

어휘

1. 다음 [보기]에서 알맞은 단어를 골라 빈 칸에 쓰십시오.

[보기]	늘어나다	줄어들다	확연히	표가 안 나다	보상하다
	소비자 보호원	고발하다	피해를 입다	손해배상	

얼마 전 화장품 방문 판매원의 권유로 주름살에 특효가 있다는 영양크림을 샀다. 그런데 주름살이 (줄어들)기는커녕 피부에 이상한 뾰루지도 생기고 잔주름은 더 ( )었다/았다/였다. 너무 화가 난 나는 판매원에게 ( )어/아/여 달라고 말했지만 판매원은 "뾰루지 난 것은 ( )네요 뭐. 한 달쯤 후엔 피부가 ( ) 달라질 거니까 조금만 더 기다려 봐요."라고 말하는 것이었다. 난 참을 수가 없어서 ( )에 전화를 걸어 상담을 받았다. 상담원은 요즘엔 소비자 보호법 덕분에 이렇게 ( )는/은/ㄴ 경우에 ( )을/를 받을 수 있다고 친절하게 설명해 줬다. 또한 이런 경우는 과대광고 죄로 경찰에 ( )을/ㄹ 수도 있다고 조언해 줬다.

2. 다음 [보기]에서 알맞은 단어를 골라 빈 칸에 쓰십시오.

[보기]		
판매자/판매처	하자	접수
소비자	교환 반품 환불	신고
고객 상담실	무상수리	청구
		보상

❶ 새로 입주한 아파트에 (하자)~~이~~/가 있을 때는 우선 건설사의 ( )에 전화를 걸어 불만사항을 ( )하여야 한다. 1년까지는 ( )을/를 받을 수 있다.

❷ 홈쇼핑에서 구입한 제품이 마음에 안 들 경우 바로 ( )에/에게 보내 ( ) 할 수 있다. 이 때 다른 제품으로 ( )할 수도 있고 마음에 드는 것이 없다면 지불한 돈을 ( ) 받을 수도 있다.

❸ 제조사의 부당한 행위에 대해 (   )은/는 손해배상을 (   )할 수 있다. 제조사가 이에 합당한 조치를 취하지 않는다면 소비자보호원에 (   )할 수 있다. 이 기관은 적절한 피해 (   )을/를 받을 수 있도록 도와준다.

문법

−어서 −을래야 −을 수가 없다

3. 적군에게 포위된 군인들의 대화입니다. 다음 표를 보고 대화를 완성하십시오.

상 황	불가능한 일
 ❶ 바로 앞에 적들이 있다	나아가다
 ❷ 적들에게 둘러싸여 있다	후퇴하다
 ❸ 통신이 끊기다	연락하다

YONSEI KOREAN WORKBOOK 5

 ❹ 총알도 다 떨어지다	공격하다
 ❺ 건빵에 곰팡이가 피다	먹다
 ❻ 다리를 심하게 다치다	뛰다

소위 : 진격! 진격! 앞으로 전진!

병장 : 소위님, ❶ 바로 앞에 적들이 있어서~~어서/아서/여서~~ 나아갈래야~~을래야/ㄹ래야~~ 나아갈~~을/ㄹ~~ 수가 없습니다. 위험합니다.

소위 : 그런가? 할 수 없지. 그럼, 뒤로 후퇴하자.

병장 : ❷ .... 어서/아서/여서 .... 을래야/ㄹ래야 .... 을/ㄹ 수도 없습니다. 적들에게 포위되었습니다.

소위 : 음, 최악의 상황이군! 그럼, 빨리 연락해 지원군을 보내달라고 해! 어서!

병장 : ❸ .... 어서/아서/여서 .... 을래야/ㄹ래야 .... 을/ㄹ 수가 없습니다.

소위 : 완전 독안의 든 쥐가 되었군. 할 수 없지. 그럼 여기에서 죽을 각오로 싸워보자. 공격 할 총알은 남았겠지?

병장 : ❹ __________ 어서/아서/여서 __________ 을래야/ㄹ래야 __________ 을/ㄹ 수가 없습니다.

소위 : 그럼, 며칠 견딜 식량은 남아 있나?

병장 : 건빵이 조금 남아 있기는 한데 ❺ __________ 어서/아서/여서 __________ 을래야/ㄹ래야 __________ 을/ㄹ 수가 없습니다.

소위 : 이거 낭패로군. 여기에서 이렇게 죽을 수밖에 없단 말인가! 이렇게 죽기를 기다리느니 차라리 수류탄을 가지고 적진으로 뛰어들자!

병장 : 소위님, 죄송합니다. 전 __________ 어서/아서/여서 __________ 을래야/ㄹ래야 __________ 을/ㄹ 수가 없습니다.

4. '–어서 –을래야 –을 수가 없다'를 사용해 대화를 완성하십시오.

❶ 가 : 어른하고 식사할 때 먼저 먹으면 어떡해요?
나 : 너무 배가 고파서~~어서/아서/여서~~ 참을래야~~을래야/ㄹ래야~~ 참을 ~~을/ㄹ~~ 수가 없었어요.

❷ 가 : 음악은 가리지 않고 다 좋아하신다더니 헤비메탈 음악은 안 들으시나 봐요.
나 : __________ 어서/아서/여서 __________ 을래야/ㄹ래야 __________ 을/ㄹ 수가 없어요.

❸ 가 : 매실 장아찌가 맛있는데 안 드세요?
나 : __________ 어서/아서/여서 __________ 을래야/ㄹ래야 __________ 을/ㄹ 수가 없어요.

❹ 가 : 이제 1km만 가면 산 정상이야. 조금만 더 힘을 내.
나 : __________ 어서/아서/여서 __________ 을래야/ㄹ래야 __________ 을/ㄹ 수가 없어.

❺ 가 : 이번에 네가 좋아하는 브랜드에서 신상품이 나왔던데.
나 : __________ 어서/아서/여서 __________ 을래야/ㄹ래야 __________ 을/ㄹ 수가 없어.

❻ 가 : 이제 힘들었던 모든 과거의 기억들은 잊어버리도록 하세요.
나 : __________ 어서/아서/여서 __________ 을래야/ㄹ래야 __________ 을/ㄹ 수가 없어요.

(-어서) -을까 말까 생각 중이다

5. 다음 [보기]에서 알맞은 표현을 골라 문장을 완성하십시오.

[보기]			
	경찰에 고발하다	다른 제품으로 교환하다	판매처에 반품하다
	소비자 보호원에 신고하다	입사 지원서를 접수하다	손해 배상을 청구하다

❶ 요즘 '삼선'에서 신입사원 공채모집을 합니다. 그런데 전 지난달에 이미 '현도'에 취직이 되었어요. '삼선'은 꼭 들어가고 싶었던 회사인데요. 이미 취직이 된 상황이라서 입사지원서를 접수할까 ~~을까/ㄹ까~~ 말까 생각 중이에요.

❷ 과자에서 벌레처럼 보이는 이물질이 나왔는데요. 과자를 만든 회사에서는 봉지를 뜯은 후에 나중에 들어갔을 거라고 발뺌을 합니다. .... 을까/ㄹ까 말까 생각 중이에요.

❸ 저희 집 앞 골목에 장기 불법 주차되어 있는 차량 때문에 지나다니기도 힘들고 아이들이 뛰어놀 곳도 없습니다. .... 을까/ㄹ까 말까 생각 중이에요.

❹ 새로 디지털 TV를 샀는데요. 영상이 아주 선명하게 잘 나와서 만족스러워요. 근데 청소 하다가 TV 측면에 작은 흠집이 있는 걸 발견했어요. .... 을까/ㄹ까 말까 생각 중이에요.

❺ 인터넷 쇼핑몰을 통해 속옷을 샀는데요. 색상, 디자인은 마음에 드는데 막상 입어보니 조금 끼었어요. 한 치수 더 큰 것으로 바꿀까 하고 문의해 보니 이미 품절이 되었더라고요. .... 을까/ㄹ까 말까 생각 중이에요.

❻ 늘 콤플렉스였던 코 성형수술을 받고 자신감 있게 생활하게 되었어요. 그런데 얼마 전부터 코막힘 증상이 나타나기 시작했습니다. 의사로부터 이러한 성형 부작용에 대한 설명을 듣지 못했었는데요. .... 을까/ㄹ까 말까 생각 중이에요.

6. '-을까 말까 생각 중이다'를 사용해 대화를 완성하십시오.

❶ 가 : 그 시험에서 뽑힌 사람은 장학금을 받을 수 있다고 하던데요.
나 : 네, 근데 경쟁이 너무 치열할 것 같아서 ~~어서/아서/여서~~ 시험 준비를 할까 ~~을까/ㄹ까~~ 말까 생각 중이에요.

❷ 가 : 새로 나온 노트북이 디자인도 예쁘고 성능도 아주 좋던데요.
나 : ______________ 어서/아서/여서 ______________ 을까/ㄹ까 말까 고민 중이에요.

❸ 가 : 이번 휴가에 해외여행 간다고 하지 않았어요?
나 : ______________ 어서/아서/여서 ______________ 을까/ㄹ까 말까 생각 중이에요.

❹ 가 : 전화 벨 소리가 요란하게도 울리네. 전화 안 받아?
나 : ______________ 어서/아서/여서 ______________ 을까/ㄹ까 말까 생각 중이야.

❺ 가 : 요즘 몸이 안 좋다면서?
나 : 응, ______________ 어서/아서/여서 ______________ 을까/ㄹ까 말까 생각 중이야.

❻ 가 : 3월인데도 아직 춥군요. 오늘 황사도 심할 거래요.
나 : ______________________________ 을까/ㄹ까 말까 고민 중이에요.

5과 2항

어휘

1. 다음 [보기]에서 알맞은 단어를 골라 빈 칸에 쓰십시오.

[보기] 무작정 　 한탕하다 　 투기 　 투자 　 욕심을 부리다 　 안목

(투자)은/는 정상적인 방법으로 돈을 늘리는 경우를 뜻하는 반면 (　　)은/는 비정상적이며 비윤리적인 방법으로 돈을 늘리는 경우를 뜻합니다. 투기지향적인 사람들은 뻥튀기처럼 한 순간에 (　　)어서/아서/여서 큰돈을 벌려는 생각으로 '무엇이 돈이 된다'는 소리를 들으면 너도 나도 몰려듭니다. 그러나 짧은 시간에 큰 부를 얻으려 지나치게 (　　)다가는 부자가 되는 것이 아니라 오히려 가지고 있는 것마저 몽땅 잃어버리기 쉽습니다. 부자가 되기 위해서는 다른 사람들을 쫓아 (　　) 투자할 것이 아니라 독수리의 눈처럼 전체를 볼 수 있는 (　　)을/를 길러야 합니다.

2. 다음 [보기]에서 알맞은 단어를 골라 쓰십시오.

[보기]
재테크 방법 : 저축(예금, 적금) 　 분산투자 　 직접투자 　 간접투자
투자 대상 : 주식 　 부동산 　 펀드 　 미술품 　 금

〈재테크 방법〉

❶ 월급에서 매달 얼마씩 떼어 저금하고 싶어요. (적금)
❷ 지난달에 적금을 탔는데 안전하게 원금을 보존하고 싶어요. (　　)
❸ 아직 젊으니까 공격적으로 투자하여 많은 이익을 내고 싶어요. (　　)
❹ 주식을 하고 싶지만 주식에 대해 잘 몰라서 투자하기가 겁나요. (　　)
❺ 한 곳에 모든 자산을 투자하면 안전하지 않을 것 같아요. (　　)

〈투자 대상〉

❶ 은행 이자는 낮아서 만족스럽지 못한데 직접투자는 좀 위험할 것 같아요. (펀드)
❷ 직접투자에 따른 위험은 있지만 성장 가능성이 큰 회사예요. (　　)
❸ 그림을 좋아하고 그림에 대한 안목이 있어요. (　　)
❹ 경제 불황기에는 돈보다는 실물에 투자하는 것이 더 안전한 것 같아요. (　　)
❺ 어떤 땅을 보면 어떻게 개발될지 빠르게 감이 와요. (　　)

[보기]	주가	부동산 가격	분양가	매매가
	전세가	이자	금리	환율	수익률

❶ 자동차 수출이 호조를 보이고 있다는 뉴스로 인해 자동차 회사들의 (주가)~~이~~/가 급등했다. 자동차 주식을 다량 보유하고 있는 국내 주식형 펀드는 평균 20%의 높은 ( ) 을/를 기록했다.

❷ 미국발 금융위기로 ( )이/가 폭등하여 수입업자들이 큰 고통을 받고 있다. 또한 시중( )이/가 상승하여 은행대출자들의 ( ) 부담이 커지고 있다.

❸ 이 지역에서 신규 분양되는 연세 아파트의 ( )은/는 3.3m²당 950만~1,000만 원대로 입주 시기는 2011년이다. 기존 아파트의 109m² ( )은/는 3억 5천만 원 수준이고 ( )은/는 2억 원에 형성되어 있다. 매매가 대비 전세가 비율은 57%이다. 한편 정부의 새로운 부동산 정책 발표가 ( )에 어떤 영향을 미칠지 사람들의 관심이 고조되고 있다.

문법

-는다고

3. 다음 표를 보고 '-는다고'를 사용해 문장을 만드십시오.

이 유	행 동	나쁜 결과
❶ 피곤하다	누워서 책을 보다	눈이 나빠지다
❷ 좀 알다	잘난 체하다	사람들이 싫어하다
❸ 취업을 준비하다	실용적인 것만 공부하다	전공을 깊이 있게 공부하지 못하다
❹ 너무 덥다	찬 것만 먹다	배탈이 나기 쉽다
❺ 물가가 오르다	사재기를 하다	품귀현상으로 가격이 더 오르다
❻ 사회분위기를 어지럽히다	집회의 자유를 제한하다	국민의 기본권을 침해하게 되다

❶ 피곤하다고~~는다고/ㄴ다고/다고~~ 누워서 책을 본다면 눈이 나빠질 거예요.

❷ .... 는다고/ㄴ다고/다고 ....

❸ .... 는다고/ㄴ다고/다고 ....

❹ .... 는다고/ㄴ다고/다고 ....

❺ ....

❻ ....

4. '–는다고'를 사용해 대화를 완성하십시오.

❶ 가 : 고등학생들이 벤처기업을 창업했다는군요. 잘할 수 있을까요?
나 : 어리다고~~는다고/ㄴ다고/다고~~ 얕보지 말아요. (얕보면 안 되지요./얕봐서야 되겠어요?)

❷ 가 : 공부하기가 너무 힘들어서 대학 진학을 포기하고 싶어요.
나 : ____________ 는다고/ㄴ다고/다고 ____________.

❸ 가 : 집에 밤늦게 들어오는 날이면 배가 고파서 늘 허겁지겁 먹게 돼요.
나 : ____________ 는다고/ㄴ다고/다고 ____________.

❹ 가 : 여긴 속도위반 단속 카메라가 없는 길이니까 한번 신나게 달려볼까?
나 : ____________ 는다고/ㄴ다고/다고 ____________.

❺ 가 : 엄마 잔소리가 듣기 싫어 죽겠어. 어떨 때는 가출하고 싶은 충동도 일어나곤 해.
나 : ____________.

❻ 가 : 이번 대선에서 다수의 사람들이 지지하는 후보를 찍으려고요.
나 : ____________.

–더라도

5. 다음 표를 보고 대화를 완성하십시오.

예상 되는 문제 상황	해야 할 일
❶ 수익률이 낮다	자산을 안전하게 운용해야 하다
❷ 조금 위험하다	보다 적극적으로 투자하는 자세가 필요하다
❸ 주가가 올라가는 것처럼 보이다	언제 곤두박질칠지 모르므로 조심해야 하다
❹ 상황이 어렵다	조금만 견디면 다시 투자의 기회가 찾아올 것이다
❺ 피하고 싶다	위기 극복을 위해서는 현실을 직시해야 하다
❻ 삶이 그대를 속이다	슬퍼하거나 노여워하지 말라

사회자 : 다음은 경제 전문가 두 분을 모시고 요즘 같은 경제 불황 시기에 어떻게 재테크를 해야 하는지 의견을 나눠보도록 하겠습니다.

김 비관 : 요즘의 주식 폭락 사태를 보셔서도 아시겠지만 가장 안전한 재테크 방법은 자신의 일정 수입을 차곡차곡 은행에 넣어두는 것입니다. ❶ 수익률이 낮더라도 자산을 안전하게 운용해야 합니다.

이 낙관 : 돈을 은행에만 넣어두는 것은 너무 수익률이 낮은 재테크 방법이라 별로 권유하고 싶지 않네요. ❷ ____________________ 더라도 ____________________ ____________________________________. '위기는 기회의 어머니다.'라는 말도 있지 않습니까?

김 비관 : 그것은 경제 호황기에 해당되는 논리입니다. 지금의 상황은 세계경제가 계속 발전되던 시기와는 아주 다른 상황입니다. ❸ ____________________ ____________________ 더라도 ____________________ ____________________________________.

이 낙관 : 그러나 우리 국민은 1997년 외환위기도 불과 2-3년 만에 극복하고 다시 경제성장을 이루지 않았습니까? ❹ ____________________ 더라도 ____________________ ____________________________________.

김 비관 : 1920년대 후반에 발생하여 10년 이상 지속된 세계대공황 시기를 잊으셨습니까? 지금의 경제위기는 그때와 같이, 아니 그 이상으로 아주 심각한 상황입니다. ❺ ____________________ 더라도 ____________________ ____________________________________.

사회자 : 네, 두 분의 경제 상황에 대한 인식이 완전히 상반되어 이에 따른 재테크 방법도 첨예하게 달라지는군요. 끝으로 요즘 경제 위기로 인해 자살하는 사람들이 무척 늘었다고 하는데, 국민들에게 희망의 말씀 한마디 해 주시죠.

이 낙관 : '❻ ____________________ 더라도 ____________________. 슬픔의 날을 참고 견디면 기쁨의 날은 꼭 오리니.'라는 유명한 시 구절처럼 언젠가 희망의 날이 올 거라는 믿음을 버리지 말고 용기 내도록 합시다.

6. '-더라도'를 사용해 대화를 완성하십시오.

❶ 가 : 장군님, 이대로 눈을 감으시면 안 됩니다. 장군님!!

나 : 내가 죽더라도 이 사실을 아군에게 알리지 마시오.

❷ 가 : 저는 일을 제대로 처리하지 못하는 부하 직원을 보면 소리부터 지르고 보는데요.

나 : ____________________ 더라도 ____________________.

부하 직원한테서 존경 받는 상사가 되지 못할 겁니다.

❸ 가 : 제가 원하는 목표를 이루는 것이 너무 먼 일로 느껴져서 포기하고만 싶습니다.

나 : ____________________ 더라도 ____________________.

❹ 가 : 내가 이 세상을 떠나면 당신은 나 같은 건 금방 잊어버리겠지?

나 : 아니에요(흑흑), ____________________ 더라도 ____________________.

❺ 가 : 유기농 채소는 너무 비싸서 살 엄두가 안 나는데요.

나 : ____.

❻ 가 : 이번 맞선에서 또 차이면 어떡하죠? 벌써 100번째 맞선이에요.

나 : ____.

5과 3항

읽고 말하기

※ 다음 글을 읽고 질문에 답하십시오.

일반적으로 소비자가 슈퍼마켓의 선반에 놓인 상품에 관심을 기울이는 시간은 25분의 1초라고 한다. 그야말로 눈 깜짝할 사이이다. 따라서 상품을 팔기 위해서는 무엇보다 소비자의 눈길을 끄는 것이 중요하다. 그런데 디자인 요소 가운데 소비자의 시선을 가장 강렬하게 자극하는 것이 바로 색깔이다.

상품 개발에서 색깔의 중요성이 날로 커지면서 기업들은 색깔에 관심을 갖기 시작했다. 산업 혁명 이후 누적되어 온 기술의 진보가 제품 기능의 평준화를 가져와, ㉠ **<u>단순히 기능만으로는 더 이상 승부를 걸 수 없게 되었기</u>** 때문이다. 같은 기능을 가진 상품이라도 색깔이나 형태에 따라 승패가 갈린다. '색깔 혁명의 시대', 이제 기업은 이 화두에 매달리기 시작했다.

색깔 혁명은 시대의 흐름을 반영한다. 다채로운 색깔이 홍수를 이루는 가운데서도 시장을 주도하는 유행색은 있게 마련이다. 80년대에는 검은 색이 어느 제품에서나 가장 인기 있는 색깔이었다. 검은 색은 첨단이라는 이미지를 띠면서 자동차에서 가전제품, 가구, 식료품 포장에 이르기까지 애용되었다. 그러나 90년대에는 환경 문제가 대두되면서 녹색 바람이 불기 시작했다. 에메랄드 그린이나 워시 그린, 크리스탈 그린이니 하는 색깔이 이 시대를 풍미했다. 그러나 최근에는 또 다시 새로운 바람이 불고 있다. 환경 문제의 심각성은 자연 그대로의 방식으로 개발하는 것이 가장 자연스럽다는 관념을 낳았고, 이에 따라 '무색 제품'이 선보이기 시작한 것이다. 투명성을 강조하는 이들 제품은 포장에서도 색깔을 자제한다. 색깔 혁명이 색깔을 부정하는 데까지 발전한 것이다.

색깔 혁명은 보통 '색깔 파괴'로 시작된다. 만년필은 검어야 하고, 냉장고는 흰색이어야 하고, 자동차는 희거나 검어야 한다는 생각은 이미 깨진 지 오래이다. 빨갛고 파란 냉장고, 그리고 분홍색, 노란색 자동차들이 등장하고 있다. 꽃밭을 방불케 하는 다양한 색깔의 상품들이 상점의 진열대를 차지하고 있다.

색채 연구소 관계자는 "선진국에선 이미 색깔이 미래의 산업 경쟁력을 좌우한다고 보고 엄청난 투자를 하고 있다."며 "우리나라에선 개별 기업 수준에서 투자하고 있는 영세한 실정이므로 국가 차원의 투자를 통해 색채 연구와 색채에 대한 체계적인 교육이 이루어져 그 성과를 모두가 공유할 수 있도록 해야 한다."고 강조한다. 색깔 혁명의 시대가 오기 훨씬 전 우리 조상들은 이런 말을 남겼다. '…………㉡…………'. 새로운 21세기를 맞아 우리 정부와 기업들은 지금 이 속담이 충고하는 바를 발 빠르게 실천해야 할 것이다.

1. 위 글의 중심 내용을 담고 있는 속담 ㉡으로 적당한 것을 모두 고르십시오. (,)

❶ 빛 좋은 개살구
❷ 뚝배기보다 장맛이다
❸ 같은 값이면 다홍치마
❹ 보기 좋은 떡이 먹기도 좋다

2. ㉠의 의미와 관계없는 것은 무엇입니까? (   )

❶ 기업은 상품의 하드웨어 측면 그 이상을 고심하고 있다.
❷ 소비자의 감성에 부합하는 소프트웨어 측면이 중요하다.
❸ 상품이 얼마나 편리하고 효율적이냐가 가장 중요하다.
❹ 상품이 소비자를 어떻게 즐겁게 해 줄 수 있느냐가 중요해졌다.

3. 현재 각 분야별로 시장을 주도하고 있는 유행색은 무엇이라고 생각합니까? 그리고 그 이유는 무엇이라고 생각합니까? 이야기해 봅시다.

듣고 쓰기

CD: 05

※ 다음을 듣고 질문에 답하십시오.

1. 들은 내용의 제목으로 적당한 것은 무엇입니까? (　　　)

❶ 생활 속의 경제학　　❷ 결혼의 경제학

❸ 결혼 생활과 스트레스　　❹ 결혼의 장점

2. 들은 내용과 <u>다른</u> 것은 무엇입니까? (　　　)

❶ 남성은 나이 들어 결혼할수록 결혼 비용이 더 든다.
❷ 기혼 남성은 나이가 많아질수록 소득도 늘어난다.
❸ 여성은 남성에 비해 결혼할 때 비용이 더 많이 든다.
❹ 배우자가 없는 여성이 배우자가 있는 여성보다 수명이 길다.

3. 이 이야기에서 학자들은 '결혼이 남녀 모두에게 남는 장사' 라고 말했습니다. 여러분의 생각은 어떻습니까? 다음 문장에 이어 글을 완성하십시오.

학자들은 결혼이 남녀 모두에게 남는 장사라고 말한다.

복습문제 (1과-5과)

어휘

Ⅰ. 다음 [보기]에서 알맞은 단어를 골라 빈 칸에 쓰십시오. (한 번만 사용하십시오.)

[보기]	가치관	부작용	당장	불치병	혜택	여가
	이치	안목	보람	소신	단축	

1. 계속되는 무더위로 인하여 초등학교는 (　　　　) 수업을 하기로 했다.

2. 최근 자신의 (　　　　) 생활과 관심 분야에 많은 시간과 돈을 투자하는 사람들이 늘어나고 있다.

3. 밤 12시가 지났는데, 너 어디 있니? 지금 (　　　　) 들어와라.

4. 검사비는 물론이고 수술비, 입원비, 약값, 식대까지도 보험 (　　　　)을/를 받을 수 있는 새로운 통합보험이 나왔다.

5. 돈과 권력 앞에서도 (　　　　)을/를 굽히지 않으셨던 분이시기에 아직도 많은 국민의 존경을 받고 있다.

6. 부모는 자식이 성공한 모습을 보며 (　　　　)을/를 느끼신다.

7. 갑자기 과격한 운동을 하면 오히려 (　　　　)이나/나 신체적 위험이 따르기 마련이다.

8. 우리 회사는 미래를 보는 새로운 (　　　　)으로/로 남들보다 먼저 한발 앞서 나갈 수 있는 인재를 원합니다.

9. 신체가 건강해지면 스트레스에 대한 저항력도 커지고 면역 기능도 강화되며, 불안정한 호르몬도 정상적으로 돌아오는 것은 당연한 (　　　　)이다.

10. 아토피성 피부염은 완치가 어려운 것이 사실이지만, (　　　　)은/는 아니다. 꾸준히 관리하고 적당하게 치료해 주면 증상이 크게 호전될 수 있다.

11. 부모 자녀간의 많은 대화는 자녀가 올바른 (　　　　)을/를 정립하는 데 도움을 줄 수 있다.

Ⅱ. 다음 [보기]에서 알맞은 단어를 골라 빈 칸에 쓰십시오. (한 번만 사용하십시오.)

[보기]	거르다	고려하다	때우다	뚫다	시달리다
	알차다	접하다	조합하다	챙기다	처리하다
	친근하다	한탕하다	활용하다	일쑤이다	

1. 아파트 뒤에 있던 공터를 주차공간으로 (　　　)기로 했다.

2. 20대 1의 경쟁률을 (　　　)고 입사한 회사인데 좀 힘들더라도 다녀야지.

3. 어제는 탈도 만들고 탈춤도 배우고 박물관도 구경하고 (　　　)게 보냈다.

4. 직장 상사들은 꼼꼼하게 일을 (　　　)는/은/ㄴ 영수 씨한테 일을 맡기고 싶어한다.

5. 비밀번호는 알파벳과 숫자를 (　　　)어서/아서/여서 6자 이상으로 만드십시오.

6. 외국에 살고 있는 동생이 해마다 카드와 선물을 보내며 내 생일을 (　　　)는다/ㄴ다/다.

7. 끼니를 (　　　)는/은/ㄴ 것보다는 김밥으로라도 (　　　)는/은/ㄴ 게 낫다.

8. 처음 보는 경우라도 왠지 (　　　)는/은/ㄴ 느낌이 드는 사람이 있다.

9. 한국에 와서 직접 한국 문화와 한국 사람들을 (　　　)고 나서 예전에 가졌던 선입견들이 사라졌다.

10. 그는 마지막으로 크게 (　　　)고 손을 떼자고 제안했다.

11. 매일 밤 악몽에 (　　　)느라 제대로 잠을 못 잤더니 체중이 줄었어요.

12. 집을 살 때는 집값, 위치, 교통 등 (　　　)어야/아야/여야 할 것이 한두 가지가 아니다.

13. 울퉁불퉁한 비포장도로라서 차에 탄 사람들은 끊임없이 흔들리는 차체 때문에 멀미를 하기 (　　　)습니다/ㅂ니다.

Ⅲ－1. 연결이 맞지 않는 것을 고르십시오.

1. (　　)

❶ 말하기 : 토론 – 발표　　❷ 듣기 : 뉴스 – 설교

❸ 읽기 : 사설 – 논문　　❹ 쓰기 : 개요 – 면접

2. (　　)

❶ 가치관 유형 : 경제형 – 심미형　　❷ 가치관 유형 : 사회사업형 – 사교형

❸ 성격 유형 : 사고형 – 행동형　　❹ 성격 유형 : 순종형 – 지배형

3. (　　)

❶ 먹는 방법 : 길러 먹다 – 데워 먹다　　❷ 회사 부서 : 경리회계부 – 자재부

❸ 저축 방법 : 예금 – 금리　　❹ 휴일 : 징검다리 휴일 – 월차 휴가

4. (　　)

❶ 기획부 : 경영 전략　　❷ 홍보부 : 회사 광고 및 상품 광고

❸ 총무부 : 제품 판매 영업　　❹ 인사부 : 인력 양성 및 인력 평가

5. (　　)

❶ 이익 : 수익률 – 환율　　❷ 음식 : 자연식 – 건강식

❸ 투자 대상 : 미술품 – 금　　❹ 적성 : 언어능력 – 수리능력

Ⅲ－2. 성격이 다른 것을 고르십시오.

1. (　　)

❶ 분산 투자　　❷ 직접 투자　　❸ 부동산 투자　　❹ 간접 투자

2. (　　)

❶ 교환　　❷ 신고　　❸ 환불　　❹ 반품

3. (　　)

❶ 활동　　❷ 원기　　❸ 활력소　　❹ 활기

4. (　　)

❶ 동호회　❷ 동호인　❸ 동아리　❹ 클럽

5. (　　)

❶ 대화명　❷ 닉네임　❸ 블로그　❹ 아이디

Ⅳ. 밑줄 친 단어의 쓰임이 맞지 않는 것을 고르십시오.

1. (　　)

❶ 한국어에 **능통하고** 교육 수준이 높은 외국인 강사를 뽑습니다.

❷ 신임 법원장은 재판 실무는 물론 법원 행정에도 **능통하다는** 평을 듣고 있다.

❸ 아무리 **능통한** 성형외과의사라도 수술에 실패할 수 있다.

❹ 송이영은 조선시대 천문 관측에 **능통했던** 대표적인 천문학자다.

2. (　　)

❶ 이번 소설은 인간의 욕심과 잔인함을 **고발하는** 소설입니다.

❷ 이번 '**소비자고발**' 프로그램에서는 '가짜 제주산 흑돼지'를 방영할 예정이다.

❸ 어젯밤 한 주택에서 시신이 발견됐다는 **고발을** 받고 경찰이 출동하였습니다.

❹ 최근 감정만 앞세운 고소 **고발이** 증가하고 있다고 한다.

3. (　　)

❶ 자취를 하다 보니 아침밥을 챙겨먹기가 **번거로워서** 자꾸 건너뛰게 돼요.

❷ 요즘 피로가 쌓여서 그런지 몸도 무겁고 매사가 다 **번거롭다**.

❸ 은행 창구를 이용하는 것이 **번거로우면** 인터넷뱅킹을 이용하세요.

❹ 이 휴대용 스피커는 작고 가볍지만 오디오플레이어와 선으로 연결해야 해서 사용하기가 **번거롭다**.

4. (　　)

❶ 1970년대는 일자리를 찾아 **무작정** 상경하는 청소년들이 많았다.

❷ 언제 끝날지도 모르는데 이렇게 **무작정** 기다리는 방법밖에 없나?

❸ 봉사활동은 계획을 세우는 것도 좋겠지만 **무작정** 참여해 보는 것도 좋은 경험이 된다.

❹ 오늘 자정까지 구매 고객 모두에게 1만원 상당의 귀걸이를 **무작정** 사은품으로 증정한다.

5. (   )

❶ 휴교에 따른 학습 시간 부족을 **보상하기** 위해 사이버 가정학습이나 EBS 방송 등을 활용하는 방안이 나왔다.

❷ 부모님들은 가난했던 유년 시절에 대한 **보상심리**로 자녀들은 풍족한 생활을 누렸으면 하는 경우가 많다.

❸ 구매 후 1년간은 도난 파손에 의한 손실 비용까지 **보상해** 줍니다.

❹ 보험사가 교통사고로 숨진 노점상에게 교통사고 사망 **보상금을** 지급했다.

6. (   )

❶ **부동산 투자**는 적어도 5년 후의 미래 가치를 반드시 봐야 한다.

❷ 정부는 **투자 억제**를 위해 새로운 부동산 안정 대책을 발표했다.

❸ 이제부터는 너무 가족 생각만 하지 말고, 네 자신을 위해 돈과 시간을 **투자해** 봐.

❹ 코스피 지수는 미국 증시의 하락에 따른 **투자 심리** 위축으로 하락 반전했다.

7. (   )

❶ 올해 입시의 특징은 학과별 **지원**이 늘어나 작년과는 다른 경쟁 양상이 벌어질 것으로 예상된다.

❷ 학교나 학원에서는 고3 수험생들에게 대체로 안정 위주의 **하향 지원**을 하라는 경우가 많다.

❸ 인기 개그우먼 김잼나는 모 프로그램에서 3년 전 **모델 지원생**이었던 남자친구와 헤어졌다고 밝혔다.

❹ 한국기업은 지난 6월 신입사원 500명 모집에 1088명이 **지원했다고** 발표했다.

8. (   )

❶ 김 과장님은 일처리가 **빈틈없이** 완벽해서 좋긴 한데 인간미가 없어 보여.

❷ 이번 행사는 **빈틈없는** 계획과 준비로 아무 사고 없이 잘 끝났다.

❸ **빈틈없이** 빡빡한 일정 때문에 이동하는 차 속에서 끼니를 해결하고 있어요.

❹ 지금 네 나이가 몇 살인데 아직도 그런 걸 **빈틈없이** 다 말해 줘야만 아니?

9. (   )

❶ 역사 소설가는 수년간 주인공의 흔적을 찾아 역사 현장을 답사하고 자료를 **모집해서** 글을 쓴다.

❷ 2010년 대학입학 수시 **모집 정원**이 대폭 확대되었다.

❸ 한국어학당에서 펴내는 '외국어로서의 한국어교육'에 게재할 원고를 **모집한다**.

❹ 연세문화재단에서는 음악회에서 연주를 해줄 대학생 공연 봉사단을 **모집하고** 있다.

10. (　　)

❶ **<u>특이한</u>** 모양과 냄새 때문에 번데기를 싫어하는 외국인이 많다.

❷ 경찰은 보험 사기 등 금융 범죄에 대한 **<u>특이 단속</u>**을 벌일 예정이다.

❸ 보통의 손잡이는 나무나 금속인데 이것은 **<u>특이하게</u>** 가죽으로 되어있다.

❹ 요즘은 남보다 세련되고 **<u>특이한</u>** 제품을 갖고자 하는 사람들이 많다.

Ⅴ. 다음 중 3개 이상의 단어를 사용하여 문장이나 짧은 이야기를 만드십시오.

1.

[보기] 주5일근무제 　 활기차다 　 활용하다 　 재충전을 하다 　 동호회

....

....

....

2.

[보기] 생명공학 　 조작 　 복제 　 장기 이식 　 수명 연장

....

....

....

3.

[보기] 대형할인점 　 전문매장 　 증정하다 　 사은품 　 -에 응하다

....

....

....

4.

[보기]	모집하다	파견	경쟁	인터뷰	지사

....

....

....

5.

[보기]	떨어지다	주가	부동산	금리	투자

....

....

....

문법

Ⅰ. 대화를 완성하십시오.

1. 가 : 예매율이 1위인 걸 보니까 영화가 재미있나 봐.
나 : .... 도 .... 거니와 ....

2. 가 : 철인 3종 경기가 그렇게 힘든가요?
나 : .... 에다가 .... 까지 ....

3. 가 : 아까 많이 당황스러웠지? 갑자기 일어난 일이라 많이 놀랐겠다.
나 : 응, ... 을/ㄹ 거라고는 생각조차 못했어.

4. 가 : 신약 개발을 위한 임상실험 결과는 어떤가요? 이번이 3차 임상실험이지요?
나 : .... 을수록/ㄹ수록 .... 어지고는/아지고는/여지고는 있지만 ....

5. 가 : 인터뷰 발표는 다음 달인데 벌써 설문지를 만들어요?
나 : ______ 을/ㄹ 때 ______ 어야/아야/여야
______
지요.

6. 가 : 요즘 ______ 긴 ______ 나/은가/ㄴ가 봐.
나 : 그러게 말이야. 문을 닫는 회사가 많은 걸 보면.

7. 가 : 새로 열었다는 해산물 뷔페 식당에 가보셨어요?
나 : 어제 가 봤는데 ______ 더라고요.

8. 가 : 쥐구멍에도 볕들 날 있다는 속담처럼 나도 언젠간 성공할 수 있을까?
나 : ______ 는 한 ______.

9. 가 : (지하철에서) 할아버지, 여기 앉으세요.
나 : ______ 구려.

10. 가 : 이수홍 선생님이 내년이면 팔순이신데, 뭘 해 드리면 좋을까?
나 : ______ 나/은가/ㄴ가?
가 : 거긴 너무 번잡스럽지 않은가?
나 : ______ 네.
가 : ______ 세.
나 : ______ 게.

Ⅱ. 밑줄 친 문법의 쓰임이 맞지 않는 것을 고르십시오.

1. (　　)
❶ 지난 번 일에 대해 **고마워하기는커녕** 아는 체도 안 하던데요.
❷ 잘못을 지적받고도 **반성하기는커녕** 잘못을 정당화하려고 하다니!
❸ 원 · 달러 환율이 떨어졌는데도 가격이 **떨어지기는커녕** 오히려 가격을 올렸다.
❹ 일부 정치가들이 사회에 모범을 **보이기는커녕** 부도덕한 모습을 보여 실망스럽다.

2. (　　)

❶ 아까 보니까 졸업식 답사 내용이 아주 **감동적이데**.

❷ 아들 수학 교과서를 봤는데 무슨 말인지 하나도 **모르겠데**.

❸ 어제 고등학교 때 선생님을 찾아뵈었는데 하나도 안 **변하셨데**.

❹ 한국의 건강보험제도는 의료의 접근성과 비용효과 측면에서 세계가 **부러워한데요**.

3. (　　)

❶ 닭다리로 만든 순살이기 때문에 아이들 간식으로 **좋을뿐더러** 간단한 술안주로도 좋다.

❷ 이번 박람회에는 다양한 전시와 체험이 준비돼 **있을뿐더러** 수출상담회도 마련돼 있다.

❸ 윈도우폰은 휴대폰으로서의 **기능뿐더러** PC와 웹 기능도 가지고 있다.

❹ 우리 직원들은 각자 자기 분야의 전문성을 **갖췄을뿐더러** 친절하고 따뜻한 태도로 고객들에게 최고의 서비스를 제공한다.

4. (　　)

❶ 좀 더 빨리 **말하되** 정확한 발음으로 말해야 합니다.

❷ 오늘은 지금 **가도 되되** 내일은 평소보다 일찍 와야 한다.

❸ 할머니께 가서 **여쭤 보되** 다른 식구들한테는 비밀이라고 말씀드려야 한다.

❹ 한글맞춤법의 기본은 표준어를 소리대로 **적되** 어법에 맞추어 적는 것입니다.

5. (　　)

❶ 김 선생님이 자리에 **없길래** 메모를 남기고 그 책을 가져 왔어요.

❷ 책 전시회에서 할인행사를 **하길래** 조카에게 줄 동화책을 많이 샀어요.

❸ 연예인 친구가 홍콩으로 휴가를 **간다 길래** 파파라치를 조심하라고 했어요.

❹ 덴마크 다이어트가 **좋다 길래** 온 가족이 같이 한 번 해 보자.

Ⅲ. 다음 문법 중 하나를 사용하여 밑줄 친 부분을 다시 쓰십시오.

[보기] –어서 –을래야 –을 수가 없다　　–을까 말까 생각 중이다
–는다고　　–더라도　　–음에도 불구하고

1. 초대를 받으면 우선 그 주인과 거기에 나타날 손님을 미루어 보아 그 좌석에서 전개될 이야기를 상상한다. **좋은 이야기가 나올 법한 곳이면 아무리 바쁜 경우에도 가고, 그렇지 않을 것 같으면 비록 성찬이 기다리고 있는 경우에도 안 가기로 한다.**

2. 앞서 가는 아이가 폴짝 폴짝 뛰어간다. 오랜만에 나온 나들이라 더욱 신이 난 모양이다. 뛰어 가는 아이 앞에 작은 과자 상자 하나가 떨어져 있다. 아이가 멈칫 한다. **뛰어넘을 수 있을지가 가늠이 안 되어서 망설이는 것 같았다.**

3. 골프 초보자들이 저에게 자주 묻습니다. 그립을 깃털처럼 가볍게 잡아야 한다고들 하는데 그게 잘 안 된다고요. 그런 분들께 제 말이 위로가 될지는 모르겠지만 **초보자들은 그립을 가볍게 잡으려고 해도 잡을 수가 없습니다. 왜냐하면 손의 악력이 발달되지 않았기 때문입니다.**

4. 민영의료보험은 생명보험과 달리 실제 병원에서 치료 받은 병원비를 지급받는 보험입니다. **그러므로 한 사람이 2-3개에 가입했어도 병원비를 2~3배 받는 것은 아닙니다.** 반드시 보험 증권을 살펴서 중복보상인지를 확인해 보세요.

5. MBC는 드라마 '탐나는도다'의 조기종영을 결정했다. 이에 대해 시청자들이 분노하고 있다. 한 네티즌은 **"지난주에 공식 홈페이지를 통해 조기종영이 없음을 공고했으면서도, 불과 일주일 만에 일방적인 약속 파기로 시청자를 우롱했다"고 비난했다.**

부록

–듣기 지문
–모범 답안

듣기 지문

1과 3항 CD: 01

여러분, 안녕하세요?

오늘은 글쓰기를 하는 데에 문법이 왜 중요한지 이야기해 볼까요?

대부분의 사람들이 자기가 말하고 싶은 생각을 문장으로 온전히 표현하는 게 서툴러서 제대로 글을 쓰지 못하지요. 누구나 먼저 문장을 제대로 만드는 방법을 익혀야 좋은 글을 쓸 수 있답니다. 그렇다면 어떻게 해야 문장을 제대로 만드는 방법을 익힐 수 있을까요? 답은 하나입니다. 문법을 알아야 해요.

사람들은 말을 통해 서로의 생각을 주고받습니다. 말을 통해 이렇게 할 수 있는 것은 말에는 일정한 규칙이 있기 때문입니다. 그리고 이런 말의 규칙이 바로 문법이고요. 새로 산 핸드폰이 갖고 있는 여러 기능을 제대로 사용하려면 반드시 매뉴얼을 보고 익혀야 합니다. 마찬가지로 우리말을 제대로 사용하고 싶으면 우리말 사용 매뉴얼인 문법을 꼭 익혀야 합니다. 그러니까 문법은 말을 어떻게 사용해야 하는지를 알려 주는 매뉴얼인 셈이지요. 문법을 익혀야 말을 자유자재로 사용할 수 있고, 또 말을 자유자재로 사용할 수 있어야 멋진 글쓰기를 할 수 있으니까요.

오늘은 여러분들에게 도움이 될 만한 책을 하나 소개할 게요. 이 책은 글쓰기를 위한 아주 쉬운 문법책이에요. 글쓰기를 위한 문법책이기 때문에 문장에 관한 문법부터 보따리를 풀었어요. 누구나 알다시피 글은 생각을 옮겨 놓은 것인데, 하나하나의 작은 생각은 문장이라는 그릇에 담기거든요. 문장은 생각을 담는 가장 기본이 되는 그릇입니다. 우리 모두 단어가 아니라 문장으로 말하고 있잖아요?

제대로 된 문장을 쓰고 싶기는 하지만, 문법 공부는 지겨울 것 같다고요?

문법은 절대로 외우려고 하지 말고 이해하도록 하세요. 문법은 규칙이므로 하나를 이해하면 열을 이해할 수 있어요. 그러나 규칙을 외우게 되면 그 규칙 하나만 겨우 알게 됩니다. 그 다음 열을 알지 못하게 되는 거예요. 그러니까 문법을 외우는 것은 바보짓입니다. 문법을 익힌다는 것은 외우는 게 아니라 이해하는 거예요. 이 점을 명심하세요.

2과 3항 CD: 02

최근 미국의 인적자원관리협회의 설문조사 보고서에는 흥미로운 사실 한 가지가 등장합니다. 직장만족도에 있어서 가장 큰 영향을 미치는 조건으로 보수와 함께 '일과 삶의 균형'이 공동 1위를 차지한 것이죠.

미래의 기업문화는 점점 더 '일과 삶의 균형'을 중요시하고 있습니다. 일에 자기의 모든 삶을 바치던 직장인의 모습은 점점 사라지고 있으며, 일과 삶의 균형을 이룰 줄 아는 능력이 글로벌 인재들에게 새롭게 요구되는 자질로 부상하고 있습니다.

꿈 많은 청소년 시절에는 대학에 가기 위해서, 대학에 가서는 직장을 잡기 위해서, 직장에 들어가서는 살아남기 위해서, 오직 앞만 보고 쓰러질 때까지 뛰어온 우리들에게, 일 자체를 즐기라는 말은 어쩌면 너무 사치스러울 수도 있겠습니다.

하지만 한발 물러서서 생각해 봅시다. 그렇게 내가 원하는 것이 무엇인지도 모른 채 오직 의무감으로 쓰러질 때까지 일하며 사는 것이 정말 행복한 삶인지, 그리고 죽어라 일해서 얻어진 성공이라는 것이 과연 가치 있는 것인지 한 번쯤 뒤돌아봐야 하지 않을까요. 너무 늦기 전에 말입니다.

일과 삶의 균형을 바란다면 삶의 목적이 성공적인 커리어를 쌓고 사회적으로 인정받는 것에만 있다고 여기는 '성공 위주의 가치관'을 버립시다. 우리가 추구하는 많은 것들 중에 오직 한 가지를 얻기 위해 다른 모든 것들을 완전히 포기해 버리는 것은 어리석은 행동이라고 볼 수도 있을 테니까요. 일과 삶이 조화를 이룬

상태에서 느끼는 행복을 가치의 기준으로 삼아야 할 것입니다.

삶은 여행과 같습니다. 그렇지만 오로지 목적지에 도착하기 위해 떠나는 여행은 아니지 않을까요? 순간 순간 주어지는 삶의 모든 것을 누리며 가야 할 것입니다. 내 삶이 행복한 여행이 될 수 있도록 말입니다.

3과 3항 CD: 03

우리가 사는 공간을 제1, 제2, 제3의 공간으로 나눈다면 어떻게 될까? 우리가 사는 집이 제1의 공간이라면, 일을 하기 위해 머무는 회사는 제2의 공간이다. 학생이라면 학교가 제2의 공간일 것이다. 직장인 대부분은 집과 회사를 쳇바퀴 돌 듯 왔다갔다 한다. 하지만 어떤 때는 이런 쳇바퀴에서 벗어나 호젓한 공간에서 나만의 시간을 가지고 싶어진다. 또 마음이 맞는 사람들과 어울려 재미있는 시간을 가지고 싶어한다. 이처럼 자주 찾아가 스트레스를 풀거나 자신의 여유를 찾는 공간이 바로 제3의 공간이다.

이러한 제3의 공간이 예전에 없었던 것은 아니다. 하지만 현대인들은 제3의 공간에 대한 필요성을 더욱 절실히 느끼고 있다. 왜 그럴까?

우선 현대인들은 너무 바쁜 삶을 살고 있다. 따라서 자신의 직업과는 관계없는 다른 문제에 대해 다른 사람들과 이야기하고 싶어 한다. 이때 이들은 제3의 공간을 선택한다. 둘째, 고용 불안 시대를 맞아 현대인들은 직장을 평생 직장이 아닌 한시적인 직장으로 생각한다. 이에 따라 끊임없는 자기 계발과 인맥 형성을 위해 제3의 공간을 필요로 한다. 그리고 두 가지 직업을 가지고 있는 투잡스족의 경우에는 별도의 프로젝트를 하기 위해 이들과 서로 만날 제3의 공간을 필요로 한다. 셋째, 자본주의가 심화되면서 영리를 목적으로 하는 상업 공간이 넘쳐남에 따라 소비자는 마음 편하게 시간을 보낼 공간에 대한 갈증이 심해지고 있다.

그래서 최근 기업들은 마케팅 수단으로 제3의 공간을 점차 활용하고 있다. 미국의 반즈앤노블 서점은 서적 구매자들에게 매우 좋은 제3의 공간이다. 이 서점은 '도서관 같은 서점' 전략을 구사했다. 이 책 저 책을 서서 보느라 다리가 피곤한 고객을 위해 아예 서점 안에 커피 매장을 유치했다. 상점 안의 상점 형태다. 물론 책값을 지불하지 않고서도 책을 잔뜩 들고 가서 읽을 수 있다. 얼핏 보면 이런 편의 시설이 서적 판매량을 줄일 것 같지만 오히려 다른 서점에 비해 높은 판매 신장률을 보여 주었다.

4과 3항 CD: 04

경기도 한 미술관의 수장고 입구, 복도에 장착된 홍채 인식 센서가 모든 통행자의 홍채를 인식, 출입 가능 여부를 인증하고 있다. 홍채를 통해 개인의 신원을 확인하고 등록되지 않은 외부인의 출입을 통제하는 홍채 인식 출입 통제 시스템이다. 미술관은 수백 점의 중요 작품들이 보관되어 있는 수장고의 보안성을 높이기 위해 이 장비를 도입했는데 열쇠나 잠금장치를 따로 관리할 필요가 없고 출입 통제가 컴퓨터로 운영되어 체계적인 관리가 가능하다는 이점이 있다고 한다.

홍채란 정확히 사람의 눈동자에서 동공을 제외한 도넛처럼 생긴 부분을 말하는 것으로 사람마다 다른 홍채의 고유한 모양은 생후 세 살 무렵에 결정돼 평생 변하지 않는다. 이러한 특성을 이용해 개인을 식별하는 것이 바로 홍채 인식 기술이다.

이곳은 출입문과 홍채 인식 기술을 연계하는 연구를 진행 중인 한 국내 업체, 등록되지 않은 외부인이 침입했을 때 시스템은 어떻게 반응할까? 적외선 카메라에 인식된 홍채의 모양을 이미 등록된 정보와 비교하는 데 걸리는 시간은 불과 3초 이내다. 한 영화에선 주인공이 타인의 안구를 분리해 가지고 다니면서 방어막을 뚫는 장면이 등장했다. 실제로도 영화와 같은 일이 가능할까? 홍채의 복제 가능성에 대한 실험을 시행해 보았다. 우선 실험자의 홍채를 시스템에 등록시킨 뒤 실제 홍채와 똑같은 크기로 정교한 사진을 찍어 인식시켜 보았다. 살아 있는 홍채가 아닌 사진을 홍채 인식 시스템은 그 사람으로 인증하지 않았다. 홍채를 찍을 때 동영상으로 여러 프레임을 찍어서 눈의 움직임을 비교하기 때문에 살아 있는 사람의 홍채와 사진 속의 홍채가 동일하게 인식되지 않는 것이다. 죽은 사람의 경우, 동공이 확장되므로 홍채 영역이 보이지 않아 역시 인식이 불가능하다.

그 사람이 가진 고유의 신체적 특징이나 습관을 이용해 개인을 식별하는 기술인 생체 인식 기술, 우리 몸의 부분 부분은 남과는 구별되는 남이 도용할 수 없는 특징을 가지고 있다는 사실에 주목한 것이 생체 인식 기술이다. 서명에서부터 홍채, 얼굴, 목소리, 혈관 등 다양한 생체 인식의 영역 중 현재까지는 지문이 가장 널리 상용화되어 있다.

5과 3항 CD: 05

한 조사를 보면 2007년에 결혼 비용으로 남성은 1억 2,850만 원, 여성은 4,395만 원을 지출했는데, 재미있는 것은 신랑의 연령이 한 살 증가할수록 결혼 비용이 609만 원 더 증가한다는 것이다. 그리고 결혼한 남성은 연령이 한 살 더 증가할수록 연소득이 227만 원이나 증가한다고 하니 남성 입장에서는 하루라도 더 빨리 결혼하는 것이 유리한 것 같다. 실제로 많은 남성들이 결혼 후 빚도 갚고 돈을 모았다는 이야기를 하는 것을 보면 결혼이 남성에게 경제적 이득을 가져다준다는 말은 맞는 것 같다.

반면 2007년 한국조세연구원 자료를 보면 우리나라 여성은 결혼으로 상당한 손해를 보고 있다. 여성은 결혼으로 인한 '소비 감소분, 심리적 불안감, 소원해질 수 있는 친구관계' 등의 눈에 보이지 않는 비용까지 모두 합하면 1,000만 원 정도의 손해를 감수한다. 더욱이 결혼하지 않고 직장 생활을 하는 것에 비해 결혼 후 직장을 그만두고 자녀를 낳아 키우는 여성은 1억 3,000만 원의 손해를 본다. 뿐만 아니라, 나이 들어 배우자가 있는 여성에 비해 배우자가 없는 여성이 더 오래 사는 우리나라에서 남편은 여성 사망 요인 중 하나일 수 있어서, 결혼한 여성의 손해는 이만저만이 아니다.

그럼에도 사회심리학자들과 경제학자들은 결혼이 남녀 모두에게 남는 장사라고 이야기한다. 『사랑의 경제학』 저자인 하노 벡은 독신에 비해 생활비 사용에서 고정 비용이 줄어들고, 소비에서 규모 있는 경제가 가능하며, 분업을 통해 최적의 이익을 창출하는 등의 측면에서 결혼은 이익이라고 주장한다. 또 미국 브리검영대의 홀트-룬스타트 교수가 부부 204명과 독신자 99명을 대상으로 실험한 결과 행복한 결혼 생활을 유지하는 사람이 그렇지 않은 부부나 독신자보다 훨씬 더 건강한 것으로 나타났다. 하지만 스트레스를 받는 결혼 생활은 차라리 혼자 사는 것보다 건강에 더 악영향을 미친다는 결과도 함께 제시했다.

모범 답안

제1과 언어와 생활

1과 1항

1. ❷ 파견 ❸ 아시다시피 ❹ 접하는, 접할 ❺ 지사
2. 〈말하기〉 ❷ 발표 ❸ 연설 ❹ 토론 ❺ 면접
   〈듣기〉 ❷ 인터뷰 ❸ 뉴스 ❹ 강의
   〈읽기〉 ❷ 전공 서적 ❸ 사설 ❹ 평론 ❺ 논문 ❻ 신문 기사 ❼ 칼럼
   〈쓰기〉 ❷ 설명문 ❸ 개요 ❹ 논설문 ❺ 감상문
3. ❷ 그렇게 공부를 잘하던 영수가 이번 시험에서 꼴찌를 할 ❸ 그렇게 오랫동안 연락이 없던 친구에게서 갑자기 전화가 올 ❹ 인사조차 안 하던 그 남자가 나를 좋아할 거라고는 생각조차 못했습니다. ❺ 이렇게 따뜻한 사월에 눈이 내릴 거라고는 생각조차 못했습니다. ❻ 그 친구가 한국에 와서 일하게 될 거라고는 생각조차 못했습니다.
4. ❷ 초등학생들이 사회적인 문제에 그렇게 댓글을 많이 달 ❸ 그렇게 많은 사람들이 참가할 ❹ 제가 그렇게 유명한 가수와 한 무대에서 같이 노래하게 될 ❺ 그렇게 어린 소녀가 한 집안의 가장일 거라고는 생각조차 못했어요. ❻ 일몰이 저렇게 아름다울 거라고는 생각조차 못했어요.
5. ❷ 공부할수록 문법이 복잡해지고는 있지만 이해하는 데는 별 문제가 없어요. ❸ 시간이 갈수록 한국 친구가 많아지고는 있지만 마음을 터놓을 친구는 별로 없어요. ❹ 한국에서 살수록 한국문화에 익숙해지고는 있지만 때로는 이해 못할 때도 있습니다. ❺ 외국생활을 오래 할수록 고향에 대한 그리움이 커지고는 있지만 고향 음식을 만들어 먹으며 향수를 달래곤 합니다. ❻ 날이 갈수록 요리 솜씨가 나아지고는 있지만 아직도 제 맛이 안 난답니다.
6. ❷ 가을이 깊어갈수록 선선해지고는 있지만 햇살은 여전히 따갑다. ❸ 나이가 들수록 기억력이 나빠지고는 있지만 아직 치매수준은 아니다. ❹ 과학기술이 발달할수록 환경오염이 심해지고는 있지만 이에 대한 대비책도 마련되고 있다. ❺ 프로젝트가 진행될수록 힘들어지고는 있지만 결과물을 보며 성취감을 느낀다. ❻ 인터넷이 보급될수록 생활이 편리해지고는 있지만 개인 정보 유출 문제 가 심각해지고 있다.

1과 2항

1. 모집한다는, 지원하, 번거로웠지만, 겸손한
2. 1) 여보, 아버님, 아버지 2) 아빠, 엄마 3) 큰아버지, 고모, 삼촌 4) 여보게 5) 박 대리 6) 김영수 씨, 영수 씨, 영수야
3. ❷ 이 자리에는 장애인과 노약자 외에는 앉지 마시오.(장애인과 노약자만 앉으시오.) ❸ 여기에서 사진을 찍지 마시오. ❹ 이곳에 주차하지 마시오. ❺ 여기에서 담배를 피우지 마시오. ❻ 반드시 안전벨트를 착용하시오.
4. ❷ 내 말 좀 들어보오!(들어보구려!) ❸ 몰랐소. ❹ 보답을 하면 좋겠소? ❺ 다시 태어난 것 같구려. ❻ 허락해 주오!(허락해 주구려!)
5. ❷ 이 무슨 까닭인가? ❸ 푸른빛이 더욱 짙어졌네. ❹ 그림자를 드리우고 있네. ❺ 빨리 오게. ❻ 함께 맛보세.
6. ❷ 건강하게 잘 지내고 있네. ❸ 서로 싸운 줄 알았네. ❹ 귀엽게 봐주게. ❺ 안으로 들어가세.

1과 3항

<u>읽고 말하기</u>

1. ❸
2. '하오체'는 상대방을 공손하게 떠받드는 의미를 지니고 있다. 이러한 이유로 그간 상대방을 비하하는 말투로 오염되었던 인터넷 예절을 바로 세우는 데 기여하고 있다.

<u>듣고 쓰기</u>

1. ❷
2. 문법은 외우지 말고 이해해야 한다. 문법은 규칙이므로 하나를 이해하면 열을 이해할 수 있는데, 규칙 하나만 외운다면 규칙 하나만 알게 되고 그 다음 열은 알지 못하게 된다.

<u>속담 연습 1</u>

1. 말이 씨가 된다 2. 개구리 올챙이 적 생각 못 하 3. 매도

모범 답안

먼저 맞는 게 낫다고 4. 개똥(쇠똥)도 약에 쓰려면 없다고 5. 남의 떡이 커 6. 떡 본 김에 제사 지낸다고 7. 과부 사정 홀아비가 안다고 8. 똥 묻은 개가 겨 묻은 개 나무란다고 9. 꿩 대신 닭이라고 10. 말 한마디로 천 냥 빚을 갚는다는

제2과 직업과 직장

2과 1항

1. ❷ 통계청 ❸ 뚫 ❹ 적성 ❺ 보람 ❻ 가치관 ❼ 소신 ❽ 고려해서
2. 〈적성〉 ❷ 공간 지각 능력 ❸ 수리 능력 ❹ 운동 조절 능력

   〈가치관 유형〉 ❷ 사회사업형 ❸ 종교형 ❹ 심미형 ❺ 이론형 ❻ 경제형

   〈성격 유형〉 ❷ 순종형 ❸ 사교형 ❹ 사고형 ❺ 흥분형 ❻ 지배형 ❼ 냉정형 ❽ 행동형 ❾ 독립형 ❿ 안정형
3. ❷ 교통사고를 방지하기 위해 과속 방지 감시 카메라를 곳곳에 설치했음에도 불구하고 교통사고는 줄어들지 않고 있다. ❸ 대규모 군중이 시위에 참여했음에도 불구하고 시위는 큰 혼란 없이 끝났다. ❹ 그 노래가 인기가 많았음에도 불구하고 불법 복제로 인해 음반 제작사는 이익을 내지 못했다. ❺ 국제 유가가 하락하고 있음에도 불구하고 국내 석유값은 떨어지지 않고 있다. ❻ 아름답고 훌륭한 작품을 많이 만들었음에도 불구하고 그 화가는 생전에는 사람들로부터 인정을 받지 못했다.
4. ❷ 부상을 당했음에도 불구하고 경기에 출전했어요. ❸ 태풍이 강력했음에도 불구하고(강한 태풍이 불었음에도 불구하고) 대비를 잘 해서 피해는 크지 않았어요. ❹ 실력이 뛰어남에도 불구하고 대인 관계에 문제가 있어서 승진하지 못했어요. ❺ 경기가 나쁨에도 불구하고 고가의 제품이 잘 팔려요. ❻ 암에 걸렸음에도 불구하고 계속 소설을 쓰고 있어요.
5. ❷ 현대 사회의 문제를 짚어내는 저자의 통찰력도 대단하거니와 제시된 대안도 탁월하다고 할 수 있지요. ❸ 윤리 문제도 다루거니와 노동과 복지, 환경 문제까지도 논의하고 있지요. ❹ 복지 비용도 많이 들거니와 노동할 수 있는 인구가 줄어들어 사회 전체의 생산력이 떨어집니다. ❺ 저출산도 그 한 요인이거니와 의학과 과학 기술의 발전으로 인간 수명이 연장된 것도 한 요인이지요. ❻ 양육비와 교육비문제도 그 원인이거니와 여성들의 사회 진출, 가치관의 변화 등도 그 원인이 될 수 있겠지요.
6. ❷ 리더십도 있어야 하거니와 도덕성도 갖추어야지요. ❸ 영양도 풍부해야 하거니와 맛도 있어야지요. ❹ 대기 오염도 줄일 수 있거니와(환경 문제도 해결할 수 있거니와) 에너지 문제도 해결할 수 있습니다. ❺ 효과도 빠르거니와 가격도 싸요. ❻ 날씨도 좋았거니와 일정도 여유가 있어서 아주 좋았어요.

2과 2항

1. 전문매장, 동향 분석, 응한(응하는), 사은품, 증정하, 빈틈없, 단합대회, 날을 잡았다, 일처리
2. ❷ 자재부 ❸ 기획부 ❹ 총무부 ❺ 경리회계부 ❻ 인사부 ❼ 홍보부
3. ❷ 이번 경기는 선수들의 부상에다가 심판의 편파판정까지 심해서 경기에 졌어요. ❸ 그 환자는 고혈압에다가 당뇨병까지 있어서 조심해야 해요. ❹ 지난 주말에 신호위반에다가 속도위반까지 해서 벌금이 많이 나왔어요. ❺ 그 사람은 뛰어난 실력에다가 겸손한 태도까지 갖추고 있어서 위아래로 인정받고 있어요. ❻ 그 논술문은 논리적 구성에다가 문장력까지 갖추어서 최고 점수를 받았어요.
4. ❷ 이 영화는 독특한 이야기 전개에다가 화려한 영상까지 겸비해(갖추어) 깊은 인상을 남겼다. ❸ 김 감독은 국제적인 명성에다가 적지 않은 부까지 얻게 되었다. ❹ 유가 상승에다가 달러 약세까지 겹쳐서 경제 상황이 나빠지고 있다. ❺ 작년부터 부동산 시장 침체에다가 신용위기까지 시작돼 경제에 대한 불안감을 가중시키고 있다. ❻ 지난달에 폭설에다가 강풍까지 몰아 닥쳐서 농가에 큰 피해를 줘 물가 상승의 요인이 되고 있다.
5. ❷ 외국어 공부할 때 그 나라 문화를 많이 접해야 자연스러운 표현을 배우지. ❸ 정부 정책을 수립 할 때 각계각층의 의견을 들어야 문제가 덜 생기지. ❹ 중요한 결정을 할 때 여러 번 생각해야 뒤탈이 없지. ❺ 인터넷을 사용할 때 보안에 신경 써야 개인 정보가 유출되지 않

지. ❻ 직장을 선택할 때 적성을 고려해야 후회를 안 하지.

6. ❷ 아픈 증상이 나타났을 때 바로 병원에 가야 큰 병이 안 되지. ❸ 농담을 할 때 때와 장소를 가려서 해야 분위기가 어색해지지 않지. ❹ 여행을 갈 때 준비를 철저히 해야 고생을 안 하지. ❺ 인터넷 쇼핑을 할 때 여러 사이트를 비교해 봐야 싸게 사지. ❻ 공부할 때 집중해서 해야 효율적이지요.

2과 3항

읽고 쓰기

1. ❷ 2. ❶, ❷

듣고 말하기

1. ❷ 2. 여행

속담 연습 2

11. 친구 따라 강남 간다 12. 웃는 낯에 침 뱉을 13. 수박 겉 핥기로 14. 십 년이면 강산도 변한다는데 15. 우물을 파도 한 우물을 파라고 16. 열 길 물속은 알아도 한 길 사람 속은 모른다고 17. 쥐구멍에도 볕들 날 있다고 18. 짚신도 짝이 있다는데 19. 오르지 못할 나무는 쳐다보지도 말라고 20. 사공이 많으면 배가 산으로 간다

제3과 일상생활과 여가문화

3과 1항

1. ❷ 거르 ❸ 때우 ❹ 일쑤인 ❺ 시달리는 ❻ 절약되 ❼ 챙겨 ❽ 단축되 ❾ 통근

2. ❷ 시켜먹다(배달해 먹다) ❸ 해 먹다 ❹ 사 먹다 ❺ 데워 먹다 ❻ 건강식 ❼ 자연식 ❽ 가공식

3. ❷ 요즘 경기가 안 좋긴 안 좋은가 봐요. ❸ 이 공연이 인기가 많긴 많은가 봐요. ❹ 신임 대통령이 능력과 카리스마가 있긴 있나 봐요. ❺ 이번 시험이 어렵긴 어려웠나 봐요. ❻ 역시 브라질 팀이 축구를 잘하긴 잘하나 봐요.

4. ❷ 의지가 약하긴 약한가 ❸ 역시 가을이 축제의 계절이긴 계절인가 ❹ 세계경제가 위기이긴 위기인가 ❺ 요즘 사람들이 종이신문을 안 보긴 안 보나 ❻ 요즘엔 명절 때도 직접 인사드리지 않고 문자로 때우는 사람이 많긴 많은가

5. ❷ 사과가 무척 싸 ❸ 많은 사람들이 모여 있 ❹ 실내가 너무 덥길래 창문을 열었어요. ❺ 아이들이 길에다 휴지를 함부로 버리길래 그러면 안 된다고 혼내줬어요. ❻ 밖에 비가 오길래 우산을 가지고 나갔어요.

6. ❷ 저 사람이 누구길래 사람들이 사인해 달라고 몰려들어요? ❸ 거기가 어디길래 그렇게 시끄러워? 전화소리가 하나도 안 들려. ❹ 도대체 유기농 한우는 어떻게 키우길래 그렇게 비쌉니까? ❺ 언제 떠났길래 여태 안 와? ❻ 얼마나 마셨길래 사람도 못 알아봐요?

3과 2항

1. ❷ 하긴 ❸ 여가 ❹ 활용해서 ❺ 알차

2. ❷ 징검다리 휴일 ❸ 격주 휴무
동호회, 동호인, 활력소, 원기, 활기, 동아리, 재충전

3. ❷ 외롭기는커녕 오히려 친구 사귈 기회가 더 많아져서 좋다던데. ❸ 입에 안 맞기는커녕 너무 잘 먹어서 살이 찔까봐 걱정이래. ❹ 좋은 공기에 맛있는 음식도 잘 먹고 다니니까 피곤하기는커녕 오히려 기운이 넘친다는구나. ❺ 이상기후 때문에 눈이 다 녹아버려서 스키를 타기는커녕 눈 구경도 못 했대. ❻ 멋진 남자는커녕 거긴 온통 아저씨, 할아버지 천지라던데.

4. ❷ 살이 빠지기는커녕 근육양이 많아져서 몸무게가 더 늘었어요. ❸ 나아지기는커녕 증세가 더 악화됐어요. ❹ 피로가 풀리기는커녕 온몸이 두들겨 맞은 듯이 아픈데요. ❺ 줄어들기는커녕 학교 공부에 대비하기 위해 학원에 가는 학생들이 더 많아졌어요. ❻ 오해를 풀기는커녕 서로 기분만 더 나빠졌어.

5. ❷ 벨리댄스는 운동량도 많을뿐더러 누구나 재미있게 할 수 있기 때문에 좋다. ❸ 김 선생님은 중국어로 강의도 할 수 있을뿐더러 동시통역도 할 수 있습니다. ❹ 그 사람은 사업 실패로 전 재산을 잃었을뿐더러 약혼자와도 헤어지게 되었다. ❺ 각종 공해와 소음은 도시의 생활환경을 파괴할뿐더러 사람들의 생명까지도 위협한다. ❻ 국산 생선은 수입산에 비해 가격이 워낙 비

모범 답안

싸 팔리지도 않을뿐더러 팔아도 이윤이 별로 남지 않는다고 합니다.

6. ❷ 우리 동아리에서는 함께 모여 락 음악을 연주할뿐더러 대학가요제에 출전하기도 합니다. ❸ 우리 동아리에서는 체력훈련을 할뿐더러 연고전 응원을 위해 매주 춤 연습을 하기도 합니다. ❹ 우리 동아리에서는 다양한 소프트웨어 사용법을 익힐뿐더러 컴퓨터 프로그래밍을 배우기도 합니다. ❺ 우리 동아리에서는 해마다 환경 관련 세미나를 열뿐더러 축제 때 친환경 장터를 열어 유기농 음식을 만들어 팔기도 합니다. ❻ 우리 동아리에서는 영화사적으로 의미가 있는 명화를 감상할뿐 더러 직접 단편영화를 찍기도 합니다.

3과 3항

읽고 말하기

1. 서로 모르는 불특정 다수의 대중이 인터넷과 이메일을 통해 시간과 장소를 정해 미리 약속한 행동을 하고 감쪽같이 사라지는 것을 말한다.

2. ❹

듣고 쓰기

1. 자주 찾아가 스트레스를 풀거나 자신의 여유를 찾는 공간. 2. ❸

관용어 연습 1

1. 간에 기별도 안 가요.(안 가겠어요) 2. 겉 다르고 속 다른 3. 간이 콩알만 해지 4. 개미 새끼 한 마리 얼씬하지 않 5. 그 사람이 그 사람이 6. 꿀 먹은 벙어리 7. 가려운 곳을 긁어 줬어 8. 굶기를 밥 먹듯 하 9. 검은 머리가 파뿌리가 되도록 살 10. 다람쥐 쳇바퀴 돌듯

제4과 과학과 기술

4과 1항

1. ❷ 친근한 ❸ 특이한 ❹ 조합하면, 조합해서

2. ❶ 인터넷에 접속한, 사이트 아이디, ❷ 글을 올리, 대화명, 닉네임, 글을 달았다, 글을 퍼가 ❸ 인터넷이 연결됐을, 인터넷이 끊어져서, 접속이 원활해서, 접속이 제한되는 ❹ 홈페이지를 방문했다, 꾸며, 글을 남겼다, 홈페이지를 만들

3. ❷ 김힘찬 후보와 최신중 후보가 인상적이 ❸ (김힘찬 후보는) 열정과 패기가 넘치 ❹ 차분하고 침착하(침착한 분위기) ❺ 자신이 지지하는 후보를 열렬히 응원하(고 있데요) ❻ 응원가들이 너무 경쾌해서 나도 모르게 따라 부르게 되데요.

4. ❷ 워터스크린 위에 중계되는 장면이 신기해서 계속 보게 되 ❸ 마이크로 사랑하는 여자에게 사랑을 고백하며 반지와 꽃을 선물하 ❹ 목소리는 떨리고 표정은 진지하 ❺ 청혼을 받은 여자가 승낙을 하자 축하메시지가 영상 위에 뜨데. ❻ 응, 그 장면을 보니 결혼하고 싶은 생각이 들데.(아니, 그래도 결혼하고 싶은 생각이 안 들데).

5. ❷ 사진을 찍고 산책을 하며 추억을 만들고 있 ❸ 핀란드의 산타 마을이 생각나 ❹ 그곳을 방문하는 사람들의 80%가 어른이라고 하 ❺ 세상의 시름이 적당히 스며들었으면서도 40대답지 않은 풋풋한 인상을 가지고 있더라고요. ❻ 잠이 오지 않더라고요.

6. ❷ 조심해서 운전하게 되 ❸ 많아졌 ❹ 그윽하 ❺ 단풍이 다 들었 ❻ 재충전이 되(활기차게 한주를 시작하게 되더라고 등 여러 가지 대답 가능)

4과 2항

1. 이치, 장기이식, 복제, 생명공학, 혜택, 부작용, 유전인자, 사례

2. ❷ 조작 ❸ 동물 실험 ❹ 신약 개발 ❺ 염색체 ❻ 수명연장 ❼ 유전공학

3. ❷ 투자를 하되 분산 투자를 해서 위험을 피하세요. ❸ 파티에 가되 일을 끝내고 가. ❹ 미니 홈피를 만들되 너무 많은 개인 정보를 올리지 마. ❺ 오지에 봉사활동

을 가되 철저히 준비해라(준비해) ❻ 도서관에서 컴퓨터를 개인적으로 사용하되 사용 시간이 2시간을 넘지 않도록 해라(해)

4. ❷ 게시판에 글을 올리되 남을 비방하는 글을 달지 말아야 해요. ❸ 개인적인 질문을 하되 너무 꼬치꼬치 캐묻지 마세요. ❹ 필요한 만큼 예산을 집행하되 반드시 영수증을 첨부하세요. ❺ (지하철에서) 음악을 듣되 헤드폰을 착용하세요. ❻ 다른 사람의 의견을 참조하되 소신을 굽히지 마세요.

5. ❷ 인터넷에서 익명성이 보장되지 않는 한 언론의 자유가 보장된다고 할 수 없어요. ❸ 유전자 조작으로 품종개량을 하지 않는 한 식량 증산의 한계로 인해 식량위기가 올 것입니다. ❹ 유전자 조작 식품이 과연 식용으로 안전한지 충분히 검증되지 않는 한 안심하고 먹기 어려울 것입니다. ❺ 태아를 인간이라고 인정하는 한 절대로 낙태를 해서는 안 되죠. ❻ 낙태를 허용하지 않는 한 여성의 권리는 보장된다고 할 수 없지요.

6. ❷ 명절 문화를 바꾸지 않는 한 가족 구성원 사이의 갈등은 계속될 겁니다. ❸ 특단의 대책이 나오지 않는 한 지금의 이 정치적 위기 상황에서 벗어나기 어려울 거예요. ❹ 열정이 있는 한 나이가 많아도 노인이라고 할 수 없지요. ❺ 남의 탓을 하는 한 발전은 없습니다. ❻ 어머니가 아이를 지나치게 챙겨주는 한 아이는 독립성을 키울 수 없습니다.

4과 3항

읽고 말하기

1. ❶ 2. ❶

듣고 쓰기

1. ❷ 2. ❶

관용어 연습 2

11. 마음은 굴뚝같 12. 모기 소리만 하
13. 도마 위에 오른 14. 두 다리 쭉 뻗고 잤어.
15. 물 쓰듯 하면 16. 물거품이 됐군요.
17. 바닥이 나서 18. 양다리를 걸치
19. 손때가 묻은 20. 둘이 먹다가 하나가 죽어도 모르

제5과 생활과 경제

5과 1항

1. 늘어났다, 보상해, 표가 안 나, 확연히, 소비자 보호원, 피해를 입은, 손해배상, 고발할

2. ❶ 고객 상담실, 접수, 무상수리 ❷ 판매자/판매처, 반품, 교환, 환불 ❸ 소비자, 청구, 신고, 보상

3. ❷ 적들에게 둘러싸여 있어서 후퇴할래야 후퇴할 ❸ 통신이 끊겨서 연락할래야 연락할 ❹ 총알도 다 떨어져서 공격할래야 공격할 ❺ 건빵에 곰팡이가 피어서 먹을래야 먹을 ❻ 다리를 심하게 다쳐서 뛸래야 뛸

4. ❷ 너무 시끄러워서 들을래야 들을 ❸ 너무 시어서 먹을래야 먹을 ❹ 너무 힘들어서 더 갈래야 갈 ❺ 너무 비싸서 살래야 살 ❻ 아팠던 기억들이 너무 생생해서 잊을래야 잊을

5. ❷ 말도 안 되는 핑계여서 소비자 보호원에 신고할까 ❸ 너무 불편해서 경찰에 고발할까 ❹ 아주 작은 흠집이라서 다른 제품으로 교환할까 ❺ 너무 마음에 드는 제품이어서 판매처에 반품할까 ❻ 증상이 아주 심하지는 않아서 손해배상을 청구할까

6. ❷ 너무 비싸서 살까 ❸ 환율이 너무 올라서 갈까 ❹ 요즘 이상한 전화가 많이 와서 받을까 ❺ 몸이 너무 안 좋아서 당분간 휴직할까 ❻ 시내에 볼일이 있는데 나갈까

5과 2항

1. 투기, 한탕해서, 욕심을 부리, 무작정, 안목

2. 〈재테크 방법〉 ❷ 예금 ❸ 직접투자 ❹ 간접투자 ❺ 분산투자
〈투자 대상〉 ❷ 주식 ❸ 미술품 ❹ 금 ❺ 부동산
❶ 수익률 ❷ 환율, 금리, 이자 ❸ 분양가, 매매가, 전세가, 부동산 가격

3. ❷ 좀 안다고 잘난 체하면 사람들이 싫어할 거예요. ❸ 취업을 준비한다고 실용적인 것만 공부한다면 전공을 깊이 있게 공부하지 못합니다. ❹ 너무 덥다고 찬 것만 먹는다면 배탈이 나기 쉽지요.

모범 답안

❺ 물가가 오른다고 사재기를 한다면 품귀현상으로 가격이 더 오르게 됩니다. ❻ 사회분위기를 어지럽힌다고 집회의 자유를 제한한다면 국민의 기본권을 침해하게 될 거예요.

4. ❷ 공부하기 힘들다고 대학진학을 포기해서야 되겠어요? ❸ 배가 고프다고 너무 급하게 먹으면 체해요. ❹ 단속 카메라가 없다고 속도위반을 하면 안 되지. ❺ 엄마 잔소리가 듣기 싫다고 가출해서야 되겠어? ❻ 많은 사람들이 지지한다고 그 후보의 정책도 잘 모른 채 무작정 찍으면 안 되지요.

5. ❷ 조금 위험하더라도 보다 적극적으로 투자하는 자세가 필요합니다. ❸ 주가가 올라가는 것처럼 보이더라도 언제 곤두박질칠지 모르므로 조심해야 합니다. ❹ 상황이 어렵더라도 조금만 견디면 다시 투자의 기회가 찾아올 것입니다. ❺ 피하고 싶더라도 위기 극복을 위해서는 현실을 직시해야 합니다. ❻ 삶이 그대를 속이더라도 슬퍼하거나 노여워하지 말라.

6. ❷ 화가 나더라도 부하에게 소리 지르지 마세요. ❸ 목표를 이루는 것이 힘들더라도 절대 포기하지 마세요. ❹ 당신이 세상을 떠나더라도 난 당신을 절대로 못 잊을 거예요. ❺ 아무리 비싸더라도 건강을 생각한다면 유기농 채소를 먹는 게 훨씬 좋지요. ❻ 이번 맞선이 잘 안 되더라도 실망하지 마세요. 언젠가 어울리는 짝이 꼭 나타날 거예요.

5과 3항

읽고 말하기

1. ❸, ❹ 2. ❸

듣고 쓰기

1. ❷ 2. ❸

중간복습문제 (1과~5과)

어휘

1. 1) 단축 2) 여가 3) 당장 4) 혜택 5) 소신 6) 보람 7) 부작용 8) 안목 9) 이치 10) 불치병 11) 가치관

2. 1) 활용하 2) 뚫 3) 알차 4) 처리하는 5) 조합해서 6) 챙긴다 7) 거르는, 때우는 8) 친근한 9) 접하 10) 한탕하 11) 시달리 12) 고려해야 13) 일쑤입니다.

3-1. 1) ❹ 2) ❷ 3) ❸ 4) ❸ 5) ❶

3-2. 1) ❸ 2) ❷ 3) ❶ 4) ❷ 5) ❸

4. 1) ❸ 2) ❸ 3) ❷ 4) ❹ 5) ❶ 6) ❷ 7) ❸ 8) ❹ 9) ❶ 10) ❷

5. 1) 직장인에게 재충전을 위한 여가활동은 매우 중요하다. 주5일근무제가 본격적으로 도입된 지 벌써 5년이 흘렀다. 그러나 아직 여가와 여가 활용에 대한 인식은 많이 부족한 듯하다.

2) 생명공학기술의 발달로 난치병 예방 및 치료, 장기 복제에 의한 장기 이식이 가능해짐으로써 인간 수명이 연장될 전망이다.

3) 대형할인점 H 플러스가 가전 전문매장을 갖춘 동대문점을 오픈한다. 이번 주말까지 방문하여 제품을 구매하고 설문에 응하는 고객에게는 유명호텔 숙박권을 사은품으로 증정한다.

4) 연세건설이 능력 있고 열정을 가진 글로벌 인재를 모집한다. 최종 인터뷰 과정을 통과하여 입사 하게 되면 연수 과정을 거친 후 해외 지사로 파견을 나가게 된다.

5) 경기 침체기에 기업은 투자를 줄이고 시장에는 돈이 돌지 않는다. 뿐만 아니라 부동산 가격과 주가도 계속 떨어진다.

문법

1. 1) 재미도 있거니와 영화 삽입곡들도 좋다더라.

2) 싸이클에다가 마라톤까지 해야 한대요.

3) 영수가 그렇게 화를 낼

4) 실험이 거듭될수록 성공률이 높아지고는 있지만 아직 완성되려면 시간이 더 필요할 것 같아요.

5) 시간이 있을 때 만들어야 꼼꼼하게 만들 수 있

6) 경기가 안 좋긴 안 좋은가 봐.

7) 생선회가 정말 신선하

8) 노력을 멈추지 않는 한 언젠가는 원하는 일이 이루어질 거야.

9) 친절도 하구려.

10) 동문회관 식당에서 저녁식사를 하는 게 어떤가?, 칸막이를 해 달라고 하면 되, 그럼, 거기에서 하는 것

으로 결정하, 동창 모임에서 친구들한테 자네가 얘기하

2. 1) ❸ 2) ❹ 3) ❸ 4) ❷ 5) ❹

3. 1) 좋은 이야기가 나올 법한 곳이면 아무리 바쁜 경우라 하더라도 가고, 그렇지 않을 것 같으면 비록 성찬이 기다리고 있는 경우라 하더라도 안 가기로 한다.

2) 뛰어넘을까 말까 망설이는 것 같았다.

3) 초보자들은 그립을 가볍게 잡을래야 잡을 수가 없습니다. 왜냐하면 손의 악력이 발달되지 않았기 때문입니다.

4) 그러므로 한 사람이 2-3개에 가입했다고 병원비를 2-3배 받는 것은 아닙니다.

5) "지난주에 공식 홈페이지를 통해 조기종영이 없음을 공고했음에도 불구하고 불과 일주일 만에 일방적인 약속 파기로 시청자를 우롱했다"고 비난했다.

지문출처

과	통합 과제	지 문 출 처
1과 3항	읽고 말하기	서진우 기자, 매일경제, 2006. 3. 9
	듣고 쓰기	'이재성(2009), 「글쓰기를 위한 4천만의 국어책」, 들녘, 5~7쪽'에서 발췌, 가공
2과 3항	읽고 쓰기	안철수(2001), 「CEO 안철수, 영혼의 승부」, 김영사, 137~138쪽
	듣고 말하기	'조세미(2005), 「세계는 지금 이런 인재를 원한다」, 해냄, 182~187쪽'에서 발췌, 가공
3과 3항	읽고 말하기	'이동연(2005), 「문화 부족의 사회: 히피에서 폐인까지」, 책세상, 74쪽'에서 참조 및 발췌 '최혜실(2006), 「문화 콘텐츠, 스토리텔링을 만나다」, 삼성경제연구소, 69쪽' 참조
	듣고 쓰기	'김민주(2008), 「2008 트렌드 키워드」, 미래의 창, 221~223쪽'에서 발췌, 가공
4과 3항	읽고 말하기	'김기봉(2007), 「29개의 키워드로 읽는 한국문화의 지형도」, 한국출판마케팅연구소, 250~258쪽'에서 발췌, 가공
	듣고 쓰기	'MBC 심야스페셜 391회'에서 발췌
5과 3항	읽고 말하기	'유강문(1996) 색깔, 새로운 산업혁명, 한겨레21 125호, 62~70쪽'에서 발췌, 가공
	듣고 쓰기	'구정화(2009), 「퍼센트 경제학」, 해냄, 42~44쪽'에서 발췌, 가공
6과 3항	읽고 말하기	'이동연(2005), 「문화 부족의 사회: 히피에서 폐인까지」, 217~223쪽' 참조 및 일부 발췌 '박재환, 일상성 · 일상생활 연구회(2004), 「현대 한국 사회의 일상문화코드」, 한울아카데미, 235~244쪽' 참조
7과 3항	읽고 쓰기	'서윤영(2003), 「세상에서 가장 아름다운 집」,궁리, 143~156쪽'에서 발췌, 가공
	듣고 말하기	조선일보 2009.7.25
8과 3항	읽고 쓰기	'〈전통과 현대〉창간호, 158~161쪽'에서 발췌
	듣고 말하기	'김기봉(2007), 「29개의 키워드로 읽는 한국문하의 지형도」, 한국출핀미게딩 연구소, 300~308쪽'에서 발췌, 가공
9과 3항	읽고 말하기	조선일보 2009.2.26
	듣고 쓰기	'채지형(2009), [LEISURE/채지형의 On the Road], 〈주간동아〉 680호, 92~93쪽'에서 발췌, 가공
10과 3항	읽고 쓰기	'임영신 · 이혜영(2009), 「희망을 여행하라」'에 대한 '인터파크' 사이트의 책 소개 참조
	듣고 말하기	과천마을신문 2006. 6. 20 한국경제신문 2009. 5. 22